Einfach.Glück

Impressum

Bibliografische Information der Deutschen Nationalbibliothek
Die Deutsche Nationalbibliothek verzeichnet diese Publikation
in der Deutschen Nationalbibliografie; detaillierte bibliografische
Daten sind im Internet über http://dnb.d-nb.de abrufbar.

Lektorat: Arnold Klaffenböck
Grafik: Nadine Löbel
Cover: Tanja Kühnel
Druck: Druckerei Theiss, St. Stefan im Lavanttal
Gedruckt in Österreich

ISBN 978-3-7025-0691-9

www.pustet.at

Einfach.Glück

Gedichte, Sprüche, Ratschläge und Geschichten

Herausgeber: Richard Schmidjell, Hans Krüger

VERLAG ANTON PUSTET

8 **Einfach Glück?**

Was ist Glück?

13 Ferdinand Raimund: Das Hobellied
15 Kurt Tucholsky: Das Ideal
18 Max Dauthendey: Die Uhr zeigt heute keine Zeit
19 Volksmärchen: Die kleine Mücke Traurigkeit
22 Gaius Petronius Arbiter: Welch eine Nacht, ihr Götter und Göttinnen ...
22 Ernst Stadler: Glück
24 Friedrich Nietzsche: „Mein Glück!"
26 Hugo von Hofmannsthal: Besitz
27 Robert Musil: Auszug und Kommentar aus „Der Mann ohne Eigenschaften"

Kann man Glück spüren?

29 Joseph von Eichendorff: Glück
30 Volksmärchen: Der Narr und das Glück
33 Alfred Meißner: Abend am Meer
34 Friedrich Hölderlin: Brief vom 18. Mai 1788 an Louise Nast

36 Rahel Varnhagen von Ense:
Brief vom 27. Dezember 1808 an
Karl August Varnhagen von Ense
39 Friedrich Schiller: Das Glück (Hymnus und Kommentar)
44 Johann Wolfgang von Goethe: Mailied
45 Cäsar Flaischlen: Glück
46 Detlev von Liliencron: Glückes genug
46 Stefan Zweig: Dank an die Bücher

Ratschläge, wie man zum Glück kommt

50 Paul Heyse: Ich sah mein Glück vorübergehen ...
51 Emanuel Geibel: Es ist das Glück ...
53 Volksmärchen: Wie man zum Glück kommt!
69 Kurt Tucholsky: Glück im Unglück
72 Johann Gaudenz von Salis-Seewis: Glück im Freien
75 Salzburger Volkssage: Der Hirtenzweig
77 Felix Dahn: Auszug aus dem Roman „Felicitas“
84 Fjodor Michailowitsch Dostojewski:
Glück liegt im Streben nach Glück
86 Theodor Fontane:
Nicht Glückes bar sind deine Lenze
87 Joachim Ringelnatz: Jung sterben

Glück durch Liebe und Vertrauen

88 Pietro Bembo:
Brief vom 10. Februar 1505 an Lucrezia Borgia
92 Johann Wolfgang von Goethe:
Wunsch der Geschwister des Bräutigams an das Brautpaar
94 Napoleon Bonaparte:
Brief vom 17. Juli 1796 an Kaiserin Joséphine
95 Salzburger Hochzeitssprüche
96 Johann Wolfgang von Goethe: Glück und Traum
97 Adalbert Stifter: Briefe vom 23. März 1866 und 30. Oktober 1866 an Amalia Stifter
101 Wilhelm von Humboldt:
Brief vom 1. September 1788 an Caroline von Dacheröden
103 Johann Wolfgang von Goethe: Rastlose Liebe
105 Kurt Tucholsky: Sie, zu ihm
107 Achim von Arnim: Mir ist zu licht zum Schlafen
108 Johann Wolfgang von Goethe: Ganymed
109 Franz Kafka:
Brief vom 17. November 1912 an Felice Bauer
111 Stendhal: Das Glück der Liebe
125 Johann Wolfgang von Goethe: Glück der Entfernung
128 Franz Braumann: Wie ich den Vater kennenlernte

Bringen Reichtum und Macht das Glück?

139 Ödön von Horváth: Zwei Dramolette aus „Magazin des Glücks"
154 Simon Dach: Horto recreamur amoeno
157 Karl Kratzl: Das Glück is a Vogerl ...
158 Friedrich Schiller: Der Ring des Polykrates
162 Heinrich Heine: Die Seifenblase
163 Johann N. Nestroy: 's Glück is unbeständig

Glück für sich allein und verborgen?

165 Adolf Glaßbrenner: Weltweisheit
166 Joseph von Eichendorff: Glückwunsch
167 Iwan Turgenjew: Glück des Verräters
168 Theodor Fontane: Alles Glück ist Märchen
171 Franz Grillparzer: Frage und Antwort
174 Oscar Wilde: Der glückliche Prinz

Glück für alle?

189 Heinrich Heine: Das Glück ist eine leichte Dirne
190 Kurt Tucholsky: Fremder Hunger langweilt, fremdes Glück reizt („Fahrt ins Glück")
196 Peter Altenberg: Die Glücklichsten

201 **Index**
206 **Zu den Herausgebern**

Einfach Glück?

Wer wäre nicht gern glücklich oder würde anderen gern Glück bringen? Wer jagt nicht gerne hin und wieder für sich einem Zipfel vom Glück nach oder ist froh, nach überstandenen kritischen oder gefährlichen Situationen zu sich selbst sagen zu können: Glück gehabt! Wer war noch nie in der Lage, sein Glück zu versuchen – schlimm allerdings, wenn man dabei sein Glück aufs Spiel setzt. Aber was heißt eigentlich nach Glück streben? Kann man das so einfach, und wie geht's? Wie kann man jemandem Glück bringen, entsteht Glück wirklich so einfach?
Zum „Glücksbegriff" ist einleitend auch festzustellen, dass das deutsche Wort „Glück" zwei unterschiedliche Erfahrungen haben kann, die in anderen Sprachen verschieden bezeichnet werden: Erstens bedeutet es, im Sinn von „Glück haben" (Fortuna), aufgrund eines zufälligen, günstigen Umstandes einen direkten und unmittelbaren Vorteil zu haben. Zweitens beschreibt „Glück empfinden" (Felicitas) einen Umstand, der im Regelfall der eigenen Anstrengung zu verdanken ist und der bei kurzer, dabei intensiver Dauer als Glücksmoment, über einen längeren Zeitraum als Lebenszufriedenheit und allgemeines Wohlbefinden bezeichnet werden kann. Vor allem um das letztere „Glücksgefühl" geht es auch, wenn man sich Glück wünscht.

Die Medizinwissenschaft kann dabei erklären, wie Glücksgefühl entsteht, zugegebenermaßen alles andere als einfach, es sind verschiedene Neurotransmitter wie Dopamin, Phenethylamin u. a., populärwissenschaftlich als Glückshormone bezeichnet, die ausgestoßen werden und Glücksgefühle und Wohlbefinden bewirken. Wegen der vergleichbaren Wirkung von Rauschgiften werden die Glückshormone von der Medizin auch als körpereigene Drogen bezeichnet.

Aber stimmt das, entpuppt sich nicht oft ein vermeintliches Glück als nachträgliches Unglück und, wenn auch seltener, ein vermeintliches Unglück als Glück?

Wenn wir mit diesem Buch einfach Glück wünschen oder der Überbringer dieses Buches dies der/dem Beschenkten wünscht, so geht es bei diesem Glücksbegriff um die Beschreibung von Wohlfühl- und Zufriedenheitsgefühlen, um Ratschläge zur Formulierung von Lebenszielen, zur Benennung angenehmer, überraschender Zufälle, um Handlungsmaximen zur Charakterisierung sowohl von ekstatischen Lebensmomenten als auch gar einem ganzen gelungenen Leben.

Bei der Formulierung dieser Wünsche in Sprüchen, Ratschlägen, Sagen, kurzen Dramen, Geschichten und Gedichten halfen uns 116 Autoren mit schrulligen, belehrenden, bezaubernden, spannenden und komischen Beiträgen, um bei der Leserin und beim Leser im besten

Fall auch Glücksgefühle zu erzeugen oder die Erinnerung an eigene diesbezügliche Erfahrungen wachzurufen. Dabei handelt es sich auch um verschollene, von uns wieder ausgegrabene Werke wie den Auszug aus einem Roman „Felicitas“ des Heroendichters Felix Dahn oder um wenig bekannte kleine Dramen (Dramolette) aus dem Nachlass Ödön von Horváths.
Es ist eine amüsant zu lesende, aber auch erbauende Annäherung ans Glücklichsein – das ja bekanntlich nicht erzwungen werden kann, das sich aber oft unverhofft, auch in kleinen Dingen einstellt.

In sieben Kapiteln nähern wir uns dabei dem Glück. Eines davon ist der Reichtum. Jean-Jacques Rousseau meinte, ihm genüge zum Glück ein hübsches Bankkonto, eine gute Köchin und eine tadellose Verdauung.
Das Kapitel über das Liebesglück bringt nicht nur heiße Liebesbriefe von Adalbert Stifter an seine Gattin Amalia, sondern auch Briefe von Pietro Bembo an Lucrezia Borgia oder von Napoleon an seine Joséphine.
Oscar Wilde wiederum erzählt in seinem Märchen vom glücklichen Prinzen, wie schön es ist, Glück an andere zu verschenken, der Salzburger Heimatdichter Franz Braumann vom Glück, den Vater kennenzulernen.

Ausgewählte Märchen für Erwachsene, klassische Gedichte, aber auch seltsame Beiträge wie über das Glück des Verräters von Iwan Turgenjew oder Kurt Tucholskys Hinweis, dass fremder Hunger langweilt, aber fremdes Glück reizt, zeigen, in wie vielen Arten das Glück daherkommen kann.

Mit „Einfach. Glück“ wollen wir, dass man beim Lesen einfach glücklich wird!

Diese Zusammenstellung wäre nicht gelungen, wenn uns nicht Barbara Brunner aus Anif ständig gedrängt hätte, das Projekt zu verwirklichen, und wenn nicht unser Lektor Arnold Klaffenböck wichtige Ergänzungen und fehlende Dichterworte in das Buch an der rechten Stelle eingebaut hätte.

Richard Schmidjell
Hans Krüger

Orthografie und Interpunktion der Texte wurden behutsam modernisiert und entsprechend den Duden-Regeln an die moderne Rechtschreibung angepasst. Wo Kürzungen vorgenommen wurden, sind diese als Auslassungen im Text durch (...) kenntlich gemacht.

Was ist Glück?

Das Glück ist eine leichtfertige Person,
die sich stark schminkt und von ferne schöne ist.

Johann N. Nestroy (1801–1862)

⁕

Fortuna lächelt, doch sie mag
nur ungern voll beglücken;
Schenkt sie uns einen Sommertag,
so schenkt sie uns auch Mücken.

Wilhelm Busch (1832–1908)

⁕

Es gibt kein glückliches Leben, nur glückliche Tage.

André Theuriet (1833–1907)

⁕

Nur der Pöbel wird gleich außer sich gebracht,
wenn ihn das Glück einmal anlächelt.

Gotthold Ephraim Lessing (1729–1781)

⁕

Wer ist denn glücklich?
Glücklich ist der, den der Schuh nirgends drückt!
Da man aber das Nichtdrücken des Schuhs nicht
empfindet, so weiß man nicht, wann man glücklich ist.

Arthur Maria Freiherr von Lüttwitz (1839–1924)

Das Hobellied aus „Der Verschwender“

Ferdinand Raimund (1790–1836)

Da streiten sich die Leut' herum
Oft um den Wert des Glücks,
Der eine heißt den andern dumm,
Am End' weiß keiner nix.
Da ist der allerärmste Mann
Dem andern viel zu reich.
Das Schicksal setzt den Hobel an
Und hobelt s' beide gleich.

Die Jugend will halt stets mit G'walt
In allem glücklich sein,
Doch wird man nur ein bissel alt,
Da find't man sich schon drein.
Oft zankt mein Weib mit mir, o Graus!
Das bringt mich nicht in Wut.
Da klopf' ich meinen Hobel aus
Und denk', du brummst mir gut!

Zeigt sich der Tod einst mit Verlaub,
Und zupft mich: Brüderl, kumm!
Da stell' ich mich im Anfang taub
Und schau' mich gar nicht um.
Doch sagt er: Lieber Valentin!
Mach keine Umständ'! Geh!
Da leg' ich meinen Hobel hin
Und sag' der Welt Adje.

Ein Tischler, wenn sein' War' gefällt,
Hat manche frohe Stund',
Das Glück ist doch nicht in der Welt
Mit Reichtum bloß im Bund.
Seh' ich so viel zufried'nen Sinn,
Da flieht mich alles Weh.
Da leg' ich nicht den Hobel hin,
Sag' nicht der Kunst Adje!

*

Gesundheit ist Glück, so sagt der Kranke,
Reichtum ist Glück, sagt der Arme,
Weisheit ist Glück, sagt der Philosoph
– und sie haben alle recht.
Unglück aber ist gewiss,
das nicht erreichen zu können, was man bedarf.

Fanny Lewald (1811–1889)

*

Erst die Erinnerung muss uns offenbaren
die Gnade, die das Schicksal uns verlieh.
Wir wissen stets nur, dass wir glücklich waren,
doch dass wir glücklich sind, wissen wir nie.

Johann Wolfgang von Goethe (1749–1832)

*

Das Glück ist wie ein Brillengestell. Man sucht es,
bis man darauf tritt, und dann ist es hinüber.

Annette von Droste-Hülshoff (1797–1848)

Das Ideal

Kurt Tucholsky (1890–1935)

Ja, das möchste:
Eine Villa im Grünen mit großer Terrasse,
vorn die Ostsee, hinten die Friedrichstraße;
mit schöner Aussicht, ländlich-mondän,
vom Badezimmer ist die Zugspitze zu sehn –
aber abends zum Kino hast dus nicht weit.

Das Ganze schlicht, voller Bescheidenheit:

Neun Zimmer, – nein, doch lieber zehn!
Ein Dachgarten, wo die Eichen drauf stehn,
Radio, Zentralheizung, Vakuum,
eine Dienerschaft, gut gezogen und stumm,
eine süße Frau voller Rasse und Verve –
(und eine fürs Wochenend, zur Reserve) –,
eine Bibliothek und drumherum
Einsamkeit und Hummelgesumm.

Im Stall: Zwei Ponys, vier Vollbluthengste,
acht Autos, Motorrad – alles lenkste
natürlich selber – das wär ja gelacht!
Und zwischendurch gehst du auf Hochwildjagd.

Ja, und das hab ich ganz vergessen:
Prima Küche – erstes Essen –
alte Weine aus schönem Pokal –
und egalweg bleibst du dünn wie ein Aal.
Und Geld. Und an Schmuck eine richtige Portion.

Und noch ne Million und noch ne Million.
Und Reisen. Und fröhliche Lebensbuntheit.
Und famose Kinder. Und ewige Gesundheit.

Ja, das möchste!

Aber, wie das so ist hienieden:
manchmal scheints so, als sei es beschieden
nur pöapö, das irdische Glück.
Immer fehlt dir irgendein Stück.
Hast du Geld, dann hast du nicht Käten;
hast du die Frau, dann fehln dir Moneten –
hast du die Geisha, dann stört dich der Fächer:
bald fehlt uns der Wein, bald fehlt uns der Becher.

Etwas ist immer.
Tröste dich.

Jedes Glück hat einen kleinen Stich.
Wir möchten so viel: Haben. Sein. Und gelten.
Dass einer alles hat: das ist selten.

Aus: Kurt Tucholsky, Gesammelte Werke in 10 Bänden.
Reinbek bei Hamburg: Rowohlt 1975.

*

Es ist komisch, dass kein Mensch mit Esprit
ein Glück möchte, das auf Dummheit gegründet ist,
und doch ist es klar, dass man dabei
einen guten Tausch machen würde.

Voltaire (1694–1778)

Wenn ich glücklich bin, bin ich stets gut;
aber wenn ich gut bin, bin ich selten glücklich.

Oscar Wilde (1854–1900)

⁂

Die Absicht, dass der Mensch glücklich sei,
ist im Plan der Schöpfung nicht enthalten.

Sigmund Freud (1856–1939)

⁂

Das Glück des Lebens besteht nicht darin,
wenig oder keine Schwierigkeiten zu haben,
sondern sie alle siegreich und glorreich
zu überwinden.

Carl Hilty (1833–1909)

⁂

Frage dich, ob du glücklich bist,
und du hörst auf, es zu sein.

John Stuart Mill (1806–1873)

⁂

Siehst du das falsche Glück dir lächeln oder lachen,
So denk', o Mensch, wie gut du bist,
Und sorge, dass es dir nicht etwa schädlich ist,
Glück muss uns ja nicht schlechter machen!

Johann Wilhelm Ludwig Gleim (1719–1803)

Das Glück ist nur die Liebe,
die Liebe ist das Glück.
Adelbert von Chamisso (1781–1838)

⁂

Die Uhr zeigt heute keine Zeit

Max Dauthendey (1867–1918)

Ich bin so glücklich von deinen Küssen,
Dass alle Dinge es spüren müssen.
Mein Herz in wogender Brust mir liegt,
Wie sich ein Kahn im Schilfe wiegt.
Und fällt auch Regen heut ohne Ende,
Es regnet Blumen in meine Hände.
Die Stund', die so durchs Zimmer geht,
Auf keiner Uhr als Ziffer steht;
Die Uhr zeigt heute keine Zeit,
Sie deutet hinaus in die Ewigkeit.

⁂

Die meisten Menschen sind so glücklich,
wie sie es sein wollen.
Abraham Lincoln (1809–1865)

Die kleine Mücke Traurigkeit

Volksmärchen

Die kleine Mücke Traurigkeit flog durch die Welt. Immer wenn sie jemanden stach, wurde derjenige von unerklärlicher Traurigkeit ergriffen. Niemand verstand dann, was mit dem Betreffenden los war, denn es passierte von einem Augenblick zum nächsten. Er selbst verstand es meist auch nicht. In einem Moment war er noch ganz fröhlich und dann überfiel ihn eine mächtige Traurigkeit.
Die kleine Mücke Traurigkeit merkte, dass die Menschen um sie herum immer trauriger wurden. Sie störte das nicht weiter, denn sie hielt Traurigkeit für ganz normal. Nie hörte man von ihr ein Lachen, nie flog sie lustige Kapriolen in der Luft. Die anderen Mücken mieden sie, denn sie war so traurig, dass sich die anderen von ihr nicht anstecken lassen wollten. So war die kleine Mücke Traurigkeit ganz allein mit ihrer Traurigkeit.
Eines schönen Sommerabends traf sie eine Grille, die ein wunderschönes Grillen-Konzert veranstaltete.
„Was für eine schöne Musik", sagte die Mücke traurig.
„Nicht wahr", freute sich die Grille, „Musik macht ein fröhliches Gemüt und ein glückliches Herz."
„Was ist das?", fragte die kleine Mücke.
„Was ist was?" – die Grille verstand sie nicht.
„Na, was ist ein fröhliches Gemüt und ein glückliches Herz?", wollte die kleine Mücke wissen.
„Wer bist denn du, dass du das nicht weißt?", fragte die Grille erstaunt.
„Ich bin die kleine Mücke Traurigkeit", stellte sie sich vor.

„Na, dann ist ja alles klar", seufzte die Grille, „du armes kleines Wesen."
„Kann ich lernen, was ein fröhliches Gemüt und ein glückliches Herz ist?", fragte die kleine Mücke.
„Hör mir einfach nur zu", antwortete die Grille.
Und die Grille begann das schönste Grillen-Konzert ihres Lebens. Sie spielte leicht und fröhlich, wehmütig und liebevoll. Sie spielte alle Melodien, die sie kannte und noch einige mehr. Mal klang ihre Musik hell und klar, mal klang sie übermütig und ausgelassen. Doch immer klang die Fröhlichkeit darin mit. Die Grille spielte so schön wie noch nie in ihrem Leben. Die kleine Mücke Traurigkeit lauschte ganz hingerissen. Aber nicht nur sie, sondern alle, die die Musik der Grille hörten, hielten inne und begannen zu lauschen. Die schönen Klänge gruben sich tief in alle Herzen. Die kleine Mücke Traurigkeit vergaß ihre Traurigkeit, während sie der Musik atemlos lauschte. Und mit einem Mal passierte etwas ganz Besonderes mit der kleinen Mücke. Weil sie ihre Traurigkeit nicht mehr spürte, wurde in ihrem Herzen Platz für viele andere Gefühle. Mit der Musik erlebte sie Freude und Lachen und spürte Übermut und Fröhlichkeit, von der sie gar nicht wusste, dass es sie gab.
Als die Grille geendet hatte, dankte ihr die kleine Mücke ganz bewegt und voller Freude.
„Ich wusste gar nicht, dass es so etwas gibt. Nie habe ich mir vorstellen können, dass es so viele Gefühle gibt", staunte die kleine Mücke glücklich. „Das werde ich nie vergessen. Du hast mir ein wunderschönes Geschenk gemacht."

„Damit hast du mir auch ein schönes Geschenk gemacht“, gab die Grille zurück. „Wenn jemandem meine Musik gefällt, ist das das Allerschönste für mich.“
Die kleine Mücke verabschiedete sich von der Grille. Und sie machte sich auf die Suche nach einem neuen Namen.

⁕

Denn das Glück, geliebt zu werden,
ist das höchste Glück auf Erden.

Johann Gottfried von Herder (1744 – 1803)

⁕

Glück ist,
wenn das Pech die anderen trifft.

Horaz (65 – 8 v. Chr.)

⁕

Wenn man glücklich ist,
sollte man nicht noch glücklicher sein wollen.

Theodor Fontane (1819 – 1898)

⁕

Im Reich der Wirklichkeit ist man nie so glücklich
wie im Reich der Gedanken.

Arthur Schopenhauer (1788 – 1860)

Glück ist die Erfüllung von Kinderwünschen.

Sigmund Freud (1856–1939)

*

Welch eine Nacht, ihr Götter und Göttinnen …

Gaius Petronius Arbiter (gest. 66 n. Chr.)

Welch eine Nacht, ihr Götter und Göttinnen!
Wie Rosen war das Bett! Da hingen wir
Zusammen im Feuer und wollten in Wonne zerrinnen!
Und aus den Lippen flossen dort und hier,
Verirrend sich, unsre Seelen in unsre Seelen!
Lebt wohl, ihr Sorgen, wollt ihr mich noch quälen?
Ich hab' in diesen entzückenden Sekunden,
Wie man mit Wonne sterben kann, empfunden!

(aus dem Lateinischen von Wilhelm Heinse)

*

Glück

Ernst Stadler (1883–1914)

Nun sind vor meines Glückes Stimme
alle Sehnsuchtsvögel weggeflogen.
Ich schaue still den Wolken zu,
die über meinem Fenster in die Bläue jagen –
Sie locken nicht mehr,
mich zu fernen Küsten fortzutragen,

Wie einst, da Sterne, Wind und Sonne
wehrlos mich ins Weite zogen.
In deine Liebe bin ich
wie in einen Mantel eingeschlagen.
Ich fühle deines Herzens Schlag,
der über meinem Herzen zuckt.
Ich steige selig
in die Kammer meines Glückes nieder,
Ganz tief in mir, so wie ein Vogel,
der ins flaumige Gefieder
zu sommerdunklem Traum
das Köpfchen niederduckt.

⁕

Des Menschen Wille, das ist sein Glück.

Friedrich Schiller (1759–1805)

⁕

Glücklich sind die Menschen,
wenn sie haben, was gut für sie ist.

Plato (427–347 v. Chr.)

⁕

Jeder ist seines Glückes Schmied.
Faber est suae quisque Fortunae.

Sallust (86–35 v. Chr.)

Wenn die Menschen dich nicht bewundern
oder beneiden, bist du auch nicht glücklich.

Johann Wolfgang von Goethe (1749–1832)

*

„Mein Glück!“

Friedrich Nietzsche (1844–1900)

Die Tauben von San Marco seh’ ich wieder:
Still ist der Platz, Vormittag ruht darauf.
In sanfter Kühle schick’ ich müßig Lieder
Gleich Taubenschwärmen in das Blau hinauf –
Und locke sie zurück,
Noch einen Reim zu hängen ins Gefieder
– mein Glück! Mein Glück!

Du stilles Himmels-Dach, blau-licht, von Seide,
Wie schwebst du schirmend ob des bunten Baus,
Den ich – was sag ich? – liebe, fürchte, neide ...
Die Seele wahrlich tränk’ ich gern ihm aus!
Gäb’ ich sie je zurück? –
Nein, still davon, du Augen-Wunderweide!
– mein Glück! Mein Glück!

Du strenger Turm, mit welchem Löwendrange
Stiegst du empor hier, siegreich, sonder Müh!
Du überklingst den Platz mit tiefem Klange –:
Französisch, wärst du sein accent aigu?

Blieb ich gleich dir zurück,
Ich wüsste, aus welch seidenweichem Zwange ...
– mein Glück! Mein Glück!

Fort, fort, Musik! Lass erst die Schatten dunkeln
Und wachsen bis zur braunen lauen Nacht!
Zum Tone ist's zu früh am Tag, noch funkeln
Die Gold-Zierraten nicht in Rosen-Pracht,
Noch blieb viel Tag zurück,
Viel Tag für Dichten, Schleichen, Einsam-Munkeln
– mein Glück! Mein Glück!

*

Glück entsteht oft durch Aufmerksamkeit
in kleinen Dingen,
Unglück oft durch Vernachlässigung kleiner Dinge.

Wilhelm Busch (1832–1908)

*

Glücklich ist nicht, wer anderen so vorkommt,
sondern wer sich selbst dafür hält.

Seneca der Jüngere (0 – 65)

*

Der Mensch muss das Recht suchen
und das Glück kommen lassen.

Johann Heinrich Pestalozzi (1746 – 1827)

Besitz

Hugo von Hofmannsthal (1874–1929)

Großer Garten liegt erschlossen
Weite schweigende Terrassen:
Müsst mich alle Teile kennen
Jeden Teil genießen lassen!

Schauen auf vom Blumenboden,
Auf zum Himmel durch Gezweige,
Längs dem Bach ins Fremde schreiten,
Niederwandeln sanfte Neige:

Dann, erst dann komm ich zum Weiher,
Der in stiller Mitte spiegelt,
Mir des Gartens ganze Freude
Träumerisch vereint entriegelt.
Aber solchen Vollbesitzes
Tiefe Blicke sind so selten!
Zwischen Finden und Verlieren
Müssen sie als göttlich gelten.

All in einem, Kern und Schale,
Dieses Glück gehört dem Traum …
Tief begreifen und besitzen!
Hat dies wo im Leben Raum? …

Schwer ist zu tragen das Unglück,
aber schwerer das Glück.

Friedrich Hölderlin (1770–1843)

*

Das Vergnügen kann sich auf Illusionen stützen,
aber das Glück beruht auf der Wahrheit.

Nicolas Chamfort (1741–1794)

*

Auszug aus „*Der Mann ohne Eigenschaften*“

Robert Musil (1880–1942)

„Was ist alles, was wir tun, andres, als eine nervöse Angst, nichts zu sein: von den Vergnügungen angefangen, die keine sind, sondern nur noch ein Lärm, ein anfeuerndes Geschnatter, um die Zeit totzuschlagen, weil eine dunkle Gewissheit mahnt, dass endlich sie uns totschlagen wird, bis zu den sich übersteigenden Erfindungen, den sinnlosen Geldbergen, die den Geist töten, ob man von ihnen erdrückt oder getragen wird, den angstvoll ungeduldigen Moden des Geistes, den Kleidern, die sich fortwährend verändern, dem Mord, Totschlag, Krieg, in denen sich ein tiefes Misstrauen gegen das Bestehende und Geschaffene entlädt. Der Unterschied zwischen Glück und Vergnügen besteht darin, dass man sich das Vergnügen selbst wählen kann.“

Kommentar der Herausgeber:

Zum Vergnügen braucht man ein Objekt, an dem oder mit dem man sich vergnügen kann. Glück braucht nichts! Ein schöner Spaziergang ohne Ziel und Zweck kann Glück bedeuten, das Ausruhen an seinem gemütlichen Lieblingsplatz in Haus, Garten oder Wohnung. Glück ist weder plan- noch messbar, glücklich sein ist ein Zustand, der sich selbst genügt.

Vergnügen und Vergnügungen sind kurze Ereignisse, wie z. B. ein One-Night-Stand, eine Bestleistung im Sport, Tanzvergnügungen, Zocken im Casino oder wo auch immer, Kino- und Restaurantbesuche.
Man kann sich der Illusion hingeben, die große Liebe gefunden zu haben, den Jackpot zu knacken, ein Sportass zu werden oder wenigstens ein sportlicher Mensch, der ewig gesund und agil sein wird.
Vergnügen kann, MUSS aber nicht auf Illusionen gestützt sein. Manches schöne Erlebnis kann auch echte Glücksgefühle hervorrufen.

Das Glück dagegen beruht auf realen Gefühlen, wie sie ein schöner Augenblick in der Natur, im Garten, im Wald, die Begegnung mit einem Freund hervorruft.
Es wird oft auch das stille Glück über die wahre Liebe sein, dass man den Partner fürs Leben gefunden hat oder einfach, dass alle, die man liebt und um die man sich sorgt, gesund sind.

Das ist Glück!

Kann man Glück spüren?

Glück

Joseph von Eichendorff (1788 – 1857)

Wie jauchzt meine Seele
Und singet in sich!
Kaum, dass ich's verhehle,
So glücklich bin ich.

Rings Menschen sich drehen
Und sprechen gescheut,
Ich kann nichts verstehen,
So fröhlich zerstreut. –

Zu eng wird das Zimmer,
Wie glänzet das Feld,
Die Täler voll Schimmer,
Weit herrlich die Welt!

Gepresst bricht die Freude
Durch Riegel und Schloss,
Fort über die Heide!
Ach, hätt ich ein Ross! –

Und frag ich und sinn ich,
Wie so mir geschehn?: –
Mein Liebchen herzinnig,
Das soll ich heut sehn!

Der Narr und das Glück

Volksmärchen

Es war einmal ein junger Mann, das war ein ausgesprochener Pechvogel. Eines Tages, da hörte er von Gott, der mitten in einem tiefen, dunklen Wald wohne. Also machte er sich am anderen Tage auf den Weg, ihn aufzusuchen, damit er einen Glückspilz aus ihm mache.

Am Rande des Waldes traf er einen Wolf. Der fragte ihn:
„He, junger Mann, wohin gehst Du denn?"
„Zu Gott", sagte der junge Mann, „damit ich endlich ein Glückspilz werde." Da sprach der Wolf: „Ja wenn Du zu Gott kommst, dann frage ihn doch bitte, warum ich immer einen solchen großen Hunger habe."

Der junge Mann war einverstanden und ging weiter. Nach einer Weile kam er an einer Lichtung vorbei, da saß ein wunderschönes junges Mädchen, das weinte. Als diese den Jüngling sah, da sprach sie: „Junger Mann, wohin gehst Du denn?" – „Zu Gott", sprach dieser wiederum, „um endlich glücklich zu werden." Das Mädchen aber sprach: „Ja dann frage ihn doch bitte, warum ich immer so traurig bin." – „Das werde ich tun", sagte der junge Mann und ging weiter.

Nach einer Weile, da kam er an einem Fluss vorbei. Dort stand ein prächtiger Baum am Ufer, der rief ihm zu: „Wohin gehst Du?" – „Zu Gott, damit er einen Glückspilz aus mir macht. So ein bisschen Glück im Leben kann ich gut gebrauchen", antwortete der Jüngling. „Ach bitte", sagte der Baum, „frage doch Gott, warum ich immer so durstig bin, obwohl ich hier ganz nahe am Wasser stehe." – „In Ordnung", sagte der junge Mann und ging weiter.

Es dauerte gar nicht mehr lange, da kam er in die Mitte des Waldes, dort wo er am finstersten war. Da traf er Gott. Und er sprach: „He, Gott, ich bin ein Pechvogel und möchte nun von Dir, dass Du einen Glückspilz aus mir machst."

„Okay", sagte Gott und machte einen Glückspilz aus ihm. Der junge Mann bedankte sich und bat auch um die Antworten auf die Fragen, die er von den dreien unterwegs gehört hatte. Und nun konnte ihn nichts mehr vom Glücklichsein abhalten. Er beschloss, so schnell wie möglich nach Hause zu kommen, damit er ja keine Minute von seinem glücklichen Leben versäume, um das Glück so richtig genießen zu können. Und er rannte, so schnell er nur konnte. Er rannte und rannte und kam auch an dem Baum vorbei, den er überhaupt nicht mehr beachtete.

Dieser aber rief ihn an: „He, junger Mann, hast Du mich vergessen?" – „Oh, entschuldige", sagte der junge Mann, „Gott hat gesagt, Du bist immer so durstig, weil zwischen Deinen Wurzeln und dem Wasser eine Kiste gefüllt mit Edelsteinen und Gold steht. Die musst Du nur entfernen und schon hast Du Wasser in Überfülle. Aber nun muss ich weiter, denn ich bin ja ein Glückspilz."

Und er rannte noch viel schneller nach Hause. Dabei übersah er das schöne Mädchen, das traurig bei der Lichtung saß. Auch sie rief ihm nach, ob er sie vergessen habe.

Abermals entschuldigte sich der Jüngling und sprach: „Gott hat gesagt, Du bist immer so traurig, weil Du so allein bist. Er sagte auch, dass bald ein junger schöner Mann vorbeikommen wird, in den Du Dich verlieben könntest. Ihr könntet heiraten und zusammen glücklich sein. Aber nun muss ich weiter, denn ich bin ein Glückspilz."

Es dauerte nicht lange, da stand er am Rande des Waldes dem Wolf gegenüber, der ihn fragte: „Was hat Gott gesagt? Warum bin ich immer so hungrig?" – „Ach ja", sagte der junge Mann, „Gott hat gesagt, Du bist immer so hungrig, weil Du nichts zu fressen hast. Er hat auch gesagt, wenn der Dummkopf so weit kommt, dann kannst Du ihn zum Mittagessen haben."

„Haaaaps" machte der Wolf, aber in diesem Augenblick wachte der junge Mann auf und war froh, dass es ja „nur" ein Traum war.

*

Man ist nicht glücklich:
Unser Glück, das ist das Schweigen des Unglücks.

Jules Renard (1864–1910)

Glück ist Talent für das Schicksal.

Novalis (1772–1801)

*

Der Besitz macht uns nicht halb so glücklich,
wie uns der Verlust unglücklich macht.

Jean Paul (1763–1825)

*

Abend am Meer

Alfred Meißner (1822–1885)

O Meer im Abendstrahl,
An deiner stillen Flut
Fühl' ich nach langer Qual
Mich wieder fromm und gut.

Das heiße Herz vergisst,
Woran sich's müd' gekämpft,
Und jeder Wehruf ist
Zu Melodie gedämpft.

Kaum dass ein leises Weh
Durchgleitet das Gemüt,
Wie durch die stumme See
Ein weißes Segel zieht.

Brief vom 18. Mai 1788 an Louise Nast

Friedrich Hölderlin (1770–1843)

Liebe, gute Louise!
Liebe, gute Louise!

Noch nie fühlte ich den Wert Deiner edlen Seele stärker, sah nie meinen Abstand von Dir deutlicher als bei Deinem letzten Brief. O könnt' ich zu Deinen Füßen den trüben Augenblick Dir abbitten, den ich Dir vielleicht durch meine trübsinnige Laune machte, könntest Du sehen, wie unwürdig Deiner so unbeschreiblich edlen Liebe ich mich in dem Augenblick fühle, wann ich daran denke, dass meine Grillen die Achtung, die ich ewig für Dich habe, u. haben soll, so unverzeihlich bei Seit setzten. Louise! Louise! liebes herrliches Mädchen! und Du antwortest mir mit dieser himmlischen Güte? Liebst mich noch eben so heiß? Tröstest mich so zärtlich über meiner freilich ziemlich traurigen Lage? Täglich, täglich neue Beweise – wie viel ich an Dir habe – je öfter ich den Brief lese, desto schätzbarer wird er mir – kein Wort Deiner Liebe entging mir, keine Silbe, die mich so ganz in Dein schönes Herz sehen ließ. O lieber Gott! was müssen das für selige Tage sein, da wir auf ewig vereint so ganz für einander leben – Louise – was werd' ich da an Dir haben – Du wirst mich aufheitern in trüben Stunden, Du wirst mir die Lasten, die ich zu tragen habe, versüßen, Du wirst mich mit der Welt versöhnen, wann ich beleidigt bin, Du wirst mir alles, alles sein – O! Ich bin so glücklich! Ich verspreche Dir von nun an, süßes liebes

Mädchen – von nun an – wann ich wieder so feindselig schreibe, will ich nimmer Dein Hölderlin sein. Was ich diesen Nachmittag für eine selige Stunde hatte! Ich wollte Deinen letzten Brief wieder lesen – bekam aber einen ältern in die Hand – u. dann wieder einen andern – bis ich endlich alle gelesen hatte – auch den allerersten, liebe Seele! „Sie haben mein ganzes Herz", schriebst Du damals, u. O Gott! ich hab' es noch, nach so vielen Prüfungen, die über Dich ergangen sind, nach so vielen Leiden, die Du um mich ausstehen musstest, hab' ich es noch, dieses teure Herz, u. nicht wahr, liebe Louise! ich werd' es ewig behalten? – Ich musste innhalten, der Gedanke, dass ich Dein Herz habe u. die Erinnerung an all die Wonne der Vergangenheit macht mich ganz weich – es wäre Dir ja auch so gegangen – bei diesen Gedanken. –

Lebe wohl, liebe Louise!
und vergiss Deinen
Hölderlin.

*

Verdoppeln lässt sich das Glück nur,
wenn man es teilt.

Johann N. Nestroy (1801–1862)

Brief an Karl August Varnhagen von Ense

Rahel Varnhagen von Ense
(1771–1833)

Dienstag um 4 Uhr Nachmittag, den 27. Dezember 1808

Nun muss ich von der Verabredung Gebrauch machen; nur so zu schreiben, wie ich kann. Eh ich Deinen Brief … gelesen hatte – das ist erst jetzt geschehen –, wollte ich Dir schreiben, dass ich erschöpft bin; dass ich vergehe. Vergangen bin. Mangel an jedem Genuss, an Umgang, an allem, haben meinen Missmut bis zur höchsten Überreife gebracht. Heiligabend hat mir den Rest gegeben. Ich sah niemand, den ich liebte, schenkte für vieles Geld; und bekam auch manches: nichts, was mir lieb wäre; dieses Fest gewöhne ich mir ab. Dann kann's mir kein Leid mehr bringen … Mir ist seit dem Abend, als wenn ein dunkles böses Schlangentier sich an meinem Herzen festgesogen hätte, und es nun nicht mehr losließe. Ich bin erschöpft, mein Geist erfindet nichts mehr: ich sterbe; oder es muss mir eine Nahrung von außen zukommen. Ich hoffe nicht. So war mir vor Deinem heutigen Briefe. Du wirst es aus meinen beiden oder drei letzten schon gesehen haben. Auf Deinen heutigen muss ich Dir nun aber antworten. Dass ich – meiner Geschichte und meinen Herzmuskeln nach – nichts Zweideutiges mehr ertragen kann. Du bist frei: denn was ist schön ohne Freiheit? Ich bin auch frei. (…) Wie bereit ich war, mit Dir zu leben, weißt Du. Zu keiner Art von Verwirrung habe ich mehr Zeit: meinem Alter, meinem Leiden, und der Natur meines Geistes, und meinem empörten Gemüte nach. Du weißt auch, wie still ich in Leipzig schied: als ich dachte für immer … Finde diesen Brief nicht hart. Ich bin auch sehr in Eil: und hatte ihn lange so auf dem Herzen; drum konnte ich die letzten Posttage gar nicht schreiben. Dein Brief gab heute den Ausschlag. Du sprichst darin, wie Du mir einmal ganz zuerst in Charlottenburg sprachst: Vagabund oder Bürger, meiner Natur sind Oders so fremd, dass ich nur borniert darüber sprechen kann. Also lieber nicht. Mir fällt aber immer ein, was Goethes Carlos dem Clavigo sagt, im Beaumarchais; anderes als dieser musenvergessene Mensch weiß ich auch nichts. Könnt' ich verhindern, dass dieser Brief Dir in der rauen Entfernung kein Leid macht! Vergeblich! Es entwickelt sich Stufe vor Stufe, Folge aus Folge; und das Reich des Herzens und die anderen Reiche scheinen ohne Zusammenhang. Glück hat der, dem dieser Folgengang wohltut: Unglück der, dem er wehtut. Gott! jedes Wort meines Briefes wird immer härter! Aber ich habe mein Tier am Herzen: und Sehnsucht lässt es nicht einmal heraus: nur Härten gegen mich und jeden! Lieber hör ich auf. Adieu. Ich kann nicht mehr lügen. Trau' auf mich, wenn Du mich bedarfst. Im höheren Sinn: in Liebe.

Adieu.
Rahel

Jeder ist seines Glückes Schmied – ja wohl,
aber zum Schmieden gehören nicht nur rüstige Arme,
sondern auch leidlich gutes Handwerkszeug,
das ist gerade das Glück selber.

Johannes Scherr (1817–1886)

⁕

Dann erst erkennen wir Menschen unser Glück,
wenn wir verloren haben, was einst unser war.

Titus Maccius Plautus (um 250 –184 v. Chr.)

⁕

Nicht in der Erkenntnis liegt das Glück,
sondern im Erwerben der Erkenntnis.

Edgar Allan Poe (1809 –1849)

⁕

Sich glücklich fühlen können,
auch ohne Glück – das ist Glück.

Marie von Ebner-Eschenbach (1830 –1916)

⁕

Erst die Erinnerung muss uns offenbaren
die Gnade, die das Schicksal uns verlieh.
Wir wissen stets nur, dass wir glücklich waren,
doch dass wir glücklich sind, wissen wir nie.

Johann Wolfgang von Goethe (1749 –1832)

Glücklich machen kleine Sachen,
oft auch nur – ein leises Lachen.

Lebensweisheit

*

Das Glück

Friedrich Schiller (1759–1805)

Selig, welchen die Götter, die gnädigen,
Vor der Geburt schon liebten,
Welchen als Kind Venus im Arme gewiegt,
Welchem Phöbus die Augen, die Lippen Hermes gelöset,
Und das Siegel der Macht Zeus auf die Stirne gedrückt!
Ein erhabenes Los, ein göttliches, ist ihm gefallen,
Schon vor des Kampfes Beginn
Sind ihm die Schläfe bekränzt.
Ihm ist, eh er es lebte, das volle Leben gerechnet,
Eh er die Mühe bestand, hat er die Charis erlangt.
Groß zwar nenn' ich den Mann,
Der, sein eigner Bildner und Schöpfer
Durch der Tugend Gewalt selber die Parze bezwingt,
Aber nicht erzwingt er das Glück und was ihm die Charis
Neidisch geweigert, erringt nimmer der strebende Mut.
Vor Unwürdigem kann dich der Wille, der ernste, bewahren,
Alles Höchste, es kommt frei von den Göttern herab.
Wie die Geliebte dich liebt,
So kommen die himmlischen Gaben,
Oben in Jupiters Reich herrscht wie in Amors die Gunst.

Neigungen haben die Götter,
Sie lieben der grünenden Jugend
Lockigte Scheitel, es zieht Freude die Fröhlichen an.
Nicht der Sehende wird von ihrer Erscheinung beseligt,
Ihrer Herrlichkeit Glanz hat nur der Blinde geschaut,
Gern erwählen sie sich der Einfalt kindliche Seele,
In das bescheidne Gefäß schließen sie Göttliches ein.
Ungehofft sind sie da und täuschen die stolze Erwartung,
Keines Bannes Gewalt zwinget die Freien herab.
Wem er geneigt,
Dem sendet der Vater der Menschen und Götter
Seinen Adler herab, trägt ihn zu himmlischen Höhn,
Unter die Menge greift er mit Eigenwillen,
Und welches Haupt ihm gefället,
Um das flicht er mit liebender Hand
Jetzt den Lorbeer und jetzt die herrschaftgebende Binde,
Krönte doch selber den Gott nur das gewogene Glück.
Vor dem Glücklichen her tritt Phöbus, der pythische Sieger,
Und der die Herzen bezwingt, Amor, der lächelnde Gott.
Vor ihm ebnet Poseidon das Meer,
Sanft gleitet des Schiffes Kiel,
Das den Cäsar führt und sein allmächtiges Glück.
Ihm zu Füßen legt sich der Leu, das brausende Delphin
Steigt aus den Tiefen,
Und fromm beut es den Rücken ihm an.
Zürne dem Glücklichen nicht,
Dass den leichten Sieg ihm die Götter schenken,
Dass aus der Schlacht Venus den Liebling entrückt,
Ihn, den die Lächelnde rettet,
Den Göttergeliebten beneid' ich,

Jenen nicht,
Dem sie mit Nacht deckt den verdunkelten Blick.
War er weniger herrlich, Achilles,
Weil ihm Hephästos selbst geschmiedet den Schild
Und das verderbliche Schwert,
Weil um den sterblichen Mann
Der große Olimp sich beweget?
Das verherrlichet ihn, dass ihn die Götter geliebt,
Dass sie sein Zürnen geehrt,
Und Ruhm dem Liebling zu geben,
Hellas' bestes Geschlecht stürzten zum Orkus hinab.
Zürne der Schönheit nicht,
Dass sie schön ist, dass sie verdienstlos
Wie der Lilie Kelch prangt durch der Venus Geschenk,
Lass sie die Glückliche sein, du schaust sie,
Du bist der Beglückte,
Wie sie ohne Verdienst glänzt, so entzücket sie dich.
Freue dich, dass die Gabe des Lieds
Vom Himmel herabkommt,
Dass der Sänger dir singt, was ihn die Muse gelehrt,
Weil der Gott ihn beseelt, so wird er dem Hörer zum Gotte,
Weil er der Glückliche ist, kannst du der Selige sein.
Auf dem geschäftigen Markt, da führe Themis die Waage,
Und es messe der Lohn streng an der Mühe sich ab,
Aber die Freude ruft nur ein Gott auf sterbliche Wangen,
Wo kein Wunder geschieht, ist kein Beglückter zu sehn.
Alles Menschliche muss erst werden
Und wachsen und reifen,
Und von Gestalt zu Gestalt führt es die bildende Zeit,
Aber das Glückliche siehest du nicht,

Das Schöne nicht werden,
Fertig von Ewigkeit her steht es vollendet vor dir.
Jede irdische Venus ersteht wie die erste des Himmels
Eine dunkle Geburt aus dem unendlichen Meer,
Wie die erste Minerva, so tritt mit der Ägis gerüstet
Aus des Donnerers Haupt jeder Gedanke des Lichts.

Kommentar der Herausgeber:

Schillers Hymnus aus dem Jahr 1798 liegen folgende Vorstellungen zugrunde: Das Glück ist ein freies Geschenk der Götter, das den Menschen nicht gemäß ihren Verdiensten zuteil wird, sondern Begünstigten, deren Dasein an sich bereits als Verdienst gewertet wird. Mithilfe sittlicher Kraft kann man sich selbst Würde verleihen und gewissermaßen das Leben selbst verlängern. Das Glück jedoch – also geistige Anlagen oder höhere Talente, etwa für die Wissenschaft oder die Künste – ist eine Gabe, die sich den himmlischen Mächten nicht abtrotzen lässt. Wenn die Götter ihre Gaben ausschütten, so verteilen sie diese nach ihren persönlichen Neigungen, nicht aber mit dem objektiven Gefühl von Gerechtigkeit.

Die göttliche Gunst trifft deswegen Menschen, die weder forschen noch grübeln, aber mit einer Art kindlicher Einfalt jenes erwarten und hinnehmen, was ihnen zuteil wird. Diejenigen, welche nach dem höheren Glück streben und es gar erzwingen wollen, gehen leer aus. Die von Göttern Favorisierten werden durch die Gunsterweisung gleichsam aus dem Staub erhoben, wie der Königssohn

Ganymed, den Zeus in Gestalt des Adlers selbst zum Olymp emporträgt, damit er dort, unsterblich geworden, als göttlicher Mundschenk dient. Auch Siegesruhm und Herrschergewalt verleihen die Götter an ihre Günstlinge, ohne dass diese dafür jegliches Verdienst hätten erbringen müssen, wie die Begebenheiten mit Phöbus, Amor und Poseidon zeigen. Durch dieses Prinzip hat alles Edle und Schöne eine Herrschaft inne, die als eine freie Gabe der Götter sichtbar wird.

Angesichts dieser nicht steuerbaren Gunstbezeugung und willkürlichen Bevorzugung der Lieblinge durch die Götter sollen freilich nicht Missgunst und Verstimmung herrschen, hingegen Freude am glücklichen Los der Auserwählten – dass etwa Aphrodite ihren menschlichen Geliebten Paris rettet, als er im Zweikampf mit Menelaos dem Tod nahe ist, oder dass die Götter dem Kämpfer Achilles auch nach der Auseinandersetzung mit Agamemnon gewogen bleiben, ungeachtet dessen, dass viele tapfere Krieger Griechenlands im Kampf fallen müssen. Die Botschaft lautet folglich: Das Prinzip der Gerechtigkeit möge dem geschäftigen Leben vorbehalten bleiben, im Glück aber die göttliche Allmacht verehrt werden.

Mailied

Johann Wolfgang von Goethe (1749–1832)

Wie herrlich leuchtet
Mir die Natur!
Wie glänzt die Sonne!
Wie lacht die Flur!

Es dringen Blüten
Aus jedem Zweig,
Und tausend Stimmen
Aus dem Gesträuch.

Und Freud' und Wonne
Aus jeder Brust.
O Erd'!, o Sonne!
O Glück!, o Lust!

O Lieb'!, o Liebe!
So golden-schön
Wie Morgenwolken
Auf jenen Höhn!

Du segnest herrlich
Das frische Feld,
Im Blütendampfe
Die volle Welt.

O Mädchen, Mädchen,
Wie lieb' ich dich!

Wie blickt dein Auge!
Wie liebst du mich!

So liebt die Lerche
Gesang und Luft,
Und Morgenblumen
Den Himmelsduft.

Wie ich dich liebe
Mit warmem Blut,
Die du mir Jugend
Und Freud' und Mut

Zu neuen Liedern
Und Tänzen gibst.
Sei ewig glücklich,
Wie du mich liebst!

*

Glück

Cäsar Flaischlen (1864–1920)

Nun ward es Sommer und die Rosen blühn
und blaue Sterne blitzen durch die Nacht ...
und durch die Nacht und ihre blühenden Rosen
und ihre glück-tieffrohe Stille hingehen wir
... zwei selige Kinder ...
und endlos vor uns breitet sich ... in wunderbarer Helle,
von reifendem Korn durchrauscht, die schöne Welt.

Glückes genug

Detlev von Liliencron (1844–1909)

Wenn sanft du mir im Arme schliefst,
Ich deinen Atem hören konnte,
Im Traum du meinen Namen riefst,
Um deinen Mund ein Lächeln sonnte –
Glückes genug.

Und wenn nach heißem, ernstem Tag
Du mir verscheuchtest schwere Sorgen,
Wenn ich an deinem Herzen lag,
Und nicht mehr dachte an ein Morgen –
Glückes genug.

*

Dank an die Bücher

Stefan Zweig (1881–1942)

Sie sind da, wartend und schweigend. Sie drängen, sie rufen, sie fordern nicht. An der Wand stehen sie stumm. Schlaf scheint über ihnen und doch blickt von jedem wie ein aufgeschlagenes Auge ein Name dich an. Geht man vorüber an ihnen mit den Blicken, mit den Händen, so rufen sie dir nicht bettelnd nach, so drängen sie nicht vor. Sie fordern nicht. Sie warten, bis man ihnen aufgetan ist: dann erst tun sie sich auf. Erst eine Stille um uns, erst eine Stille in uns, dann ist man ihnen bereit, eines Abends,

heimkehrend von ermüdendem Gang, eines Mittags, matt von den Menschen, eines Morgens, wolkig vorwehend aus traumhaftem Schlaf. Man möchte träumen, aber in Musik. Mit dem genießenden Vorgefühl süßer Probe tritt man an den Schrank: hundert Augen, hundert Namen blicken stumm-geduldig dem suchenden Blick entgegen wie Sklavinnen eines Serails ihrem Herrn, demütig den Ruf erwartend und doch selig, gewählt, genossen zu sein. Und dann, wie auf dem Klavier der Finger tastet, den Ton zu finden zur inneren Melodie: weich schmiegt es sich der Hand, das stumme weiße Wesen, verschlossene Geige, in der alle Stimmen Gottes warten. Man schlägt eines auf, man liest eine Zeile, einen Vers: aber er klingt nicht klar in die Stunde. Enttäuscht, unzärtlich fast, legt man das Buch zurück. Bis das rechte naht, das rechte für die Stunde: und plötzlich bist du umfangen, dein Atem geht in fremden Atem ein, als läge der warme, nackte Leib einer Frau neben dir. Und wie du es nun unter die Lampe trägst, das Buch, das glücklich gewählte, erglüht es gleichsam von innerem Licht. Magie ist getan, aus zartem Gewölk des Traumes steigt Phantasmagorie. Straßen öffnen sich weit und Fernen nehmen dein verlöschendes Gefühl.
Irgendwo tickt eine Uhr. Aber sie dringt nicht in diese sich selbst entwanderte Zeit. Hier misst die Stunde anderes Maß. Da sind Bücher, die viele Jahrhunderte weit gewandert sind, ehe ihr Wort an unsere Lippen kam, da sind junge, gestern erst geboren, gestern erst gezeugt aus eines bartlosen Knaben Verwirrung und Not: aber sie sprechen magische Sprache und eines wie das andere wiegt und wellt unseren Atem empor. Und indem sie erregen, trösten

sie auch; indem sie verführen, beschwichtigen sie den aufgetanen Sinn. Und allmählich sinkt man selbst in sie hinein, wird Ruhen und Schauen, gelassenes Schweben in ihrer Melodie, Welt jenseits der Welt.
Ihr Stunden, reinste, hinwegtragende aus dem Tumult des Tages, ihr Bücher, allertreueste, schweigsamste Gefährten, wie euch danken für euer stets gegenwärtiges Bereitsein, für dies ewig Aufhebende, unendlich Beschwingte eurer Gegenwart! Was seid ihr gewesen in den finstersten Tagen der Seeleneinsamkeit; in Lazaretten und Kriegslagern, in Gefängnissen und an Schmerzensbetten, überall habt ihr, allzeit Wache, dem Menschen Träume geschenkt und eine Handbreit Stille in Unrast und Qual! Immer vermochtet ihr, milde Magnete Gottes, die Seele wegzuziehen, wenn sie im Täglichen verschüttet war, in ihr eigenstes Element, immer habt ihr in allen Düsterungen den inneren Himmel uns wieder zur Ferne erweitert.
Winzige Stücke der Unendlichkeit, still gereiht an schmuckloser Wand, so steht ihr unscheinbar in unserem Haus. Doch wenn die Hand euch befreit, wenn das Herz euch berührt, so sprengt ihr unsichtbar die werktäglichen Räume und wie im feurigen Wagen führt euer Wort uns aus Enge ins Ewige empor.

Ratschläge, wie man zum Glück kommt

Es gibt nur einen Weg zum Glück und der bedeutet,
aufzuhören mit der Sorge um Dinge, die jenseits der
Grenzen unseres Einflussvermögens liegen.

Epiktet (um 55–135)

⁕

Wenn du einen Menschen glücklich machen willst,
dann füge nichts seinem Reichtum hinzu,
sondern nimm ihm einige von seinen Wünschen.

Epikur von Samos (341–270 v. Chr.)

⁕

Das Glück wohnt nicht im Besitze und nicht im Golde,
das Glücksgefühl ist in der Seele zu Hause.

Demokrit (460–380 v. Chr.)

⁕

Der Geist, der sich gewöhnt, seine Freuden
aus sich selbst zu schöpfen, ist glücklich.

Demokrit (460–380 v. Chr.)

Ich sah mein Glück vorübergehen …

Paul Heyse (1830 – 1914)

Ich sah mein Glück vorübergehn,
Ich konnt' es am Stirnhaar fassen
Und blieb wie ein törichter Träumer stehn
Und hab' es vorbeigelassen.

Ich sah mein Glück auf der Wiese ruhn,
Ich konnt's auf die Lippen küssen
Und starrt' es nur an vom Hut zu den Schuh'n
Und habe mich losgerissen.

Ich harrte, ob es mit holdem Blick
Nicht selbst sich meiner erbarme.
Ich dachte: ist es ein rechtes Glück,
So läuft dir's frei in die Arme.

Und sieh, wie am Abend ich saß zu Haus
Und an nichts Fröhliches dachte,
Da pocht's, da stand's an der Schwelle drauß
Und flog mir ans Herz und lachte.

⁕

Mit dem Glück verhält es sich wie mit den Uhren:
die einfachsten gehen am besten.

Nicolas Chamfort (1741–1794)

Es ist das Glück …

Emanuel Geibel (1815–1884)

Es ist das Glück ein flüchtig Ding,
Und war's zu allen Tagen;
Und jagtest du um der Erde Ring,
Du möchtest es nicht erjagen.

Leg dich lieber ins Gras voll Duft
Und singe deine Lieder;
Plötzlich vielleicht aus blauer Luft
Fällt es auf dich hernieder.

Aber dann pack es und halt es fest
Und plaudre nicht viel dazwischen;
Wenn du zu lang es warten lässt,
Möcht' es dir wieder entwischen.

⁕

Das große Glück besteht in einer außerordentlich glücklichen Familie. Der beste Weg, wirkliches Glück im Leben zu erlangen, ist der: Geh aus dir hinaus, ohne Bedachtsamkeit nach allen Seiten, wie eine Spinne; webe ein solides Gewebe aus dem Stoff Liebe und fange darin alles, was du triffst: ein altes Weib, ein Kind, ein Mädchen oder einen Polizisten.

Leo N. Tolstoi (1828–1910)

Die Regeln des Glücks:
Tu etwas, liebe jemanden, hoffe auf etwas.

Immanuel Kant (1724–1804)

*

Kein Bösewicht kann glücklich sein.

Juvenal (60–127)

*

Die Tür zum Glück geht nach außen auf –
wer sie „einzurennen" versucht,
der verschließt sie nur.

Søren Kierkegaard (1813–1855)

*

Wer ständig glücklich sein möchte,
muss sich oft verändern.

Konfuzius (551–479 v. Chr.)

*

Jeder hat sein eigen Glück unter den Händen,
wie der Künstler eine rohe Materie,
die er zu einer Gestalt umbilden will.
Aber es ist mit dieser Kunst wie mit allen;
nur die Fähigkeit wird uns angeboren,
sie will gelernt und sorgfältig ausgeübt sein.

Johann Wolfgang von Goethe (1749–1832)

Wie man zum Glück kommt!

Volksmärchen

Es war einmal vor langer Zeit, da lebten hinter den großen Wäldern in einem kleinen Dorf zwei Brüder mit ihrer Großmutter. Sie wuchsen heran und entwickelten sich prächtig. Jeden Abend erzählte ihnen die Großmutter Märchen aus längst vergangener Zeit. Und die Brüder nahmen die Märchen in sich auf und sie wollten so werden wie die Helden in ihren Geschichten: mutig und klug, ehrlich und bescheiden. Sie gingen zur Schule und lernten das Einmaleins und das Buchstabieren. Dann kam die Zeit, wo sie einen Beruf ergreifen sollten. Aber in dem kleinen Dorf brauchte niemand einen Lehrjungen. So beschlossen die Brüder, in die weite Welt hinauszuwandern, um dort ihr Glück zu machen.

„Geht nur“, sagte die Großmutter mit Tränen in den Augen. „Geht und fasst das Glück mit beiden Händen!“

Und die Brüder umarmten die Großmutter und zogen hinaus in die weite Welt. Sie durchwanderten dunkle Wälder und stiegen auf hohe Berge, durchquerten reißende Flüsse und liefen über liebliche Wiesen voller Blumen. Nach vielen Tagen wanderten sie auf einem schnurgeraden Weg, der nicht enden wollte. Dann sahen die Brüder einen großen Baum, der mitten auf dem Wege stand. Unter dem Baum war eine steinerne Bank, auf der ein alter Mann saß.

Die Brüder grüßten artig und fragten den Alten, ob sie sich zu ihm setzen könnten. Lange wären sie schon gewandert und müde von der Reise.

„Setzt euch, setzt euch!“, sagte der Alte mit brüchiger

Stimme. Und so setzten sich die Brüder zu dem Alten und er fragte sie nach ihrem Weg.
„Wir sind auf dem Weg, um unser Glück zu machen", sagte Frieder, der Ältere der beiden.
„Ja, alter Mann, wir suchen das Glück, denn in unserem Dorf scheint das Glück verloren zu sein." Hans, der Jüngere, sprach dies.
„So seid zufrieden, dass ihr mich hier getroffen habt", erwiderte der Alte. „Nur aller sieben Jahre sitze ich hier, um Menschen zu helfen. So ihr wollt, so könnt' ich euch raten – entscheiden müsst ihr!"
„So sprich, alter Mann", baten die Brüder.
Und der Alte sprach: „Seht, auf diesem schnurgeraden Weg seid ihr beide gekommen. Beide seid ihr kluge und gesunde Jünglinge. Hier an diesem Stein kann sich euer Weg entscheiden – ihr geht gemeinsam oder getrennt, nach links oder nach rechts – entscheiden müsst ihr."
„Gern würde ich mich entscheiden, nur weiß ich nicht, was mich erwartet." So sprach Frieder, der Ältere der Brüder, und Hans nickte zustimmend.
„Ihr seid auf dem Weg, euer Glück zu machen?!", bemerkte der Alte weise lächelnd. „So höret, wo ihr es finden könntet!"
Und er zeigte nach rechts und sagte: „Geht ihr diesen Weg, so erwartet euch Reichtum und Macht, Ehre und Ruhm. Jeder wird euch kennen, alle werden euch bewundern und euch wegen eures Glückes beneiden."
„Das ist der Weg zum wahren Glück!", rief Frieder erfreut aus. „Das ist der Weg, den ich nehmen werde!" Und schon wollte er davoneilen.

Doch der Alte sagte leise, aber bestimmend: „Warte, denn du kennst noch nicht das Glück des anderen Weges."
„Nicht nötig, Alter. Du zeigtest mir schon den richtigen Weg. Aber ich warte gern, so du es willst. Sprich nur, Alter."
Und der Alte sprach: „Geht ihr den linken Weg, so werdet ihr keine reichen Leute sein. Ihr werdet das Mädchen finden, das euch lieb hat. Ihr werdet eine Familie gründen und Kinder werden Papa zu euch sagen. So manchen Tag werdet ihr denken, warum ist das Leben so schwer, und meinen, dass der andere Weg wohl doch der Weg zum Glück gewesen sein wird."
„Wer sich für diesen Weg entscheidet, muss dumm sein, Alter. Ich kann nicht glauben, dass ein Mensch sich für diesen Weg entscheidet." Frieder hatte sich endgültig für den rechten Weg entschieden.
Hans blieb stumm. „Warum bietet uns der Alte diesen Weg zum Glück an?", überlegte er. „Der Alte ist klug und weise. Er weiß, was er sagt. Lohnt es, darüber nachzudenken?"
Und laut sagte er: „Es ist schwer, sich zu entscheiden, alter Mann. Man müsste beide Wege ausprobieren können."
„Eine kluge Rede, mein Sohn", sagte der Alte. „Möglich wäre dies, aber nur, wenn ihr beide damit einverstanden seid."
„Ich wäre es", sagte Hans, nur Frieder zögerte.
„Wie soll das gehen, alter Mann?", bemerkte er mürrisch.
„In sieben Jahren sitze ich wieder auf dieser Bank. Jeder komme hierher zurück und er soll nur für ein Jahr den Platz des anderen einnehmen. Und dann entscheidet über das wahre Glück, wie jeder es vom Leben erwartet.
Und da Frieder zögerte, die Zustimmung zu geben, meinte Hans zu ihm: „Das ist doch ein ehrliches Angebot des

Alten. So hat doch jeder Gelegenheit, das Glück des anderen kennenzulernen."
„Nun gut, mein Bruder. Da wir uns jetzt entscheiden müssen und wir in sieben Jahren unser Glück vergleichen wollen, so nehme ich den rechten Weg und du den linken. Wenn du einverstanden bist, so bin ich mit dem Jahr auf Probe auch einverstanden."
Und die Brüder umarmten sich und der Alte wünschte ihnen Glück auf ihren Wegen.

Frieder lief mit forschem Schritt seinem Glück entgegen. Nach drei Tagen sah er am Horizont die Silhouette einer großen Stadt. „Hier werde ich mein Glück finden!", jubelte er und rannte der Stadt mit offenen Armen entgegen.
Er fand Arbeit und Unterkunft, sah prächtig gekleidete Menschen und Menschen, die die Hand ausstreckten, um eine Brotrinde zu erhalten. „Diese Menschen haben das Glück vertan!", spottete Frieder und schwor sich, zu den prächtig gekleideten Menschen zu gehören. Er machte Geschäfte, und da er klug und eigennützig war, führte er diese Geschäfte zu seinen Gunsten aus. Bald häufte er viele Geldscheine in seinem Schrank und wollte, dass er so viel Geld besitze, dass der Schrank damit gefüllt sei.
Und nach drei Jahren quoll das Geld aus dem Schrank heraus und Frieder nahm einen großen Sack und brachte die Scheine in das Geldhaus. Und als er das Geld einzahlte, hörte er einen Mann am Nebenschalter sagen: „Er hat einen Sack voll Geld. Wir haben zehn! Bah, solch ein Habenichts!" Und er wandte sich von Frieder ab. Das ärgerte Frieder sehr und er setzte auf sein Glück und machte

riskante Geschäfte und nach einem Jahr besaß er nicht nur zwanzig große Geldsäcke, sondern zugleich auch die Bank, die sein Geld verwaltet. „Das ist das wahre Glück!", rief er erleichtert und frohgemut aus. „Es war der rechte Weg, den ich genommen habe."

Doch schon am nächsten Tage zeigte man ihm die kalte Schulter. Ein großer Empfang wurde gegeben und Frieder hatte viel Geld gegeben, um eine Einladung für die Gesellschaft der Reichen und Mächtigen zu erhalten. Doch wen er auch ansprach, wem er auch die Hand hinstreckte, man nahm weder seine Hand, noch lieh man ihm ein Ohr.

„Oh, ihr werdet mich noch kennenlernen!", murmelte Frieder leise mit hochrotem Kopf. „Ihr sollt die Buckel krumm machen, wenn ich komme. Ich werde bestimmen, wer mir die Hand geben darf und wer nicht!"

So sprach Frieder, und da Wahlen angesagt waren, nahm er viel Geld und ging damit zu den Zeitungen und forderte: „Schreibt, dass ich ein guter Mensch bin! Schreibt, wer mich wählt, wählt einen Mann des Volkes, der immer nur das Wohl des Volkes im Auge hat!" Und er reichte viele Geldscheine den Zeitungsmachern und bald konnte man im ganzen Land lesen: „Wählt Frieder! Wer ihn wählt, wählt das Glück und das Wohl des Volkes!"

Und die Menschen glaubten den Versprechungen und Frieder wurde gewählt. Jetzt hatte Frieder nicht nur Geld, sondern auch die Macht über die Gesetze. Und er überlegte, welche Gesetze notwendig wären, damit er noch mehr Geld gewänne, und er fand Wege, noch mehr Geld zu machen. Die Menschen, die ihn gewählt hatten, fragten ihn: „Sag, Frieder, du hast uns das Glück und das Wohl

versprochen. Wann kommt das Glück auch zu uns?"
„Habt Geduld", antwortete dann Frieder, „jetzt ist eine schwierige Zeit. Die Geschäfte laufen schlecht. Jeder leidet."
Und er setzte eine Leidensmiene auf und man glaubte ihm.
Und so verging ein weiteres Jahr und Frieder wurde der reichste Mann in diesem Land. Wohin er auch kam, jeder kannte ihn. Von großen Plakaten lächelte er hinunter, und wenn er zur Gesellschaft ging, dann öffneten sich ihm alle Türen, man klatschte ihm zu und bemühte sich um seine Freundschaft. Doch Freundschaft kannte Frieder nicht. Zu sehr schmerzte die Erinnerung an diese Menschen, die ihm einst die Hand verweigert hatten. So saß er einsam in seinem riesigen Haus mit 120 Zimmern. Dreißig Bedienstete waren Tag und Nacht um ihn.
Und doch gab es noch Reichere, und das ärgerte Frieder.
„Wie kann man mehr verdienen?", fragte er sich. Und er gab sich selbst die Antwort: „Man produziert das, was sofort vernichtet wird: Waffen. Aber damit die vernichtet werden und neue und immer wieder neue hergestellt werden, müssen die Waffen zerstört werden. Und wie geht das? Im Krieg!"
Und so ließ er die Zeitungsleute zu sich kommen und sagte zu ihnen: „Wir wissen aus zuverlässiger Quelle, dass unser Land angegriffen werden soll. Wir brauchen mehr Waffen, um diese bösen Menschen zu vernichten! Schreibt das und sagt den Menschen, dass dies ein guter Krieg ist, denn wir verteidigen unser Land, indem wir den Feind angreifen."
Und die Zeitungsleute schrieben und die Menschen lasen mit erschrockenen Gesichtern die Kunde von dem guten Krieg.
„Herr Frieder, ist das notwendig?", fragte ein alter Mann.

„Ja", erwiderte Frieder, „das ist notwendig. Geh nach Hause und sag deinem Sohn, er soll zum Militär gehen und das Schießen erlernen. Bald ist Krieg, ich weiß es!"
„O weh, es wird Krieg geben!", klagte der alte Mann und schickte seinen Sohn zum Militär. „Geh, mein Junge, und lerne das Schießen."
Und Frieder befahl die Militärs zu sich. Er rollte eine große Karte auf und zeigte auf ein Land: „Hier, meine Herren Generäle, hier steht der Feind, der uns vernichten will. Dieses Land befreien wir von den Menschen, die uns schaden wollen. Und wenn wir im Land stehen, so sichern wir uns die großen Erzlager, die Ölvorkommen und die anderen Schätze. Krieg zu führen ist sehr teuer und wir brauchen diese Landesschätze, damit wir Krieg führen können!"
„Ein sehr kluger Gedanke, Herr Frieder!", rief der höchste General und salutierte. Und mit ihm salutierten die anderen Generäle.
Und so führten die Generäle für den Frieden den Krieg. Während die Menschen auf der Straße die Zeitung lasen, um die Namen der Toten zu erfahren, las Frieder die Berichte über seine Vermögenswerte. Und er war sehr zufrieden mit den Ergebnissen. So rieb er sich die Hände und meinte, dass er nicht glücklicher sein könne. Er habe das Land glücklich gemacht, er habe den Menschen einen Krieg gegeben, wo sie Heldentaten vollbringen können, er habe für sich so viel Geld angehäuft, dass er nicht mehr wisse, wie reich er eigentlich sei.
„Ich bin glücklich!", seufzte er zufrieden und schlief ein. Und in seinem Traum erschien der Alte, der einst vor sieben Jahren ihnen den Weg zum Glück aufgezeigt hatte.

„Die sieben Jahre sind vergangen, Frieder!“, rief ihm der Alte zu. „Komm und tausche mit deinem Bruder.“
Und so setzte sich Frieder am nächsten Tag in sein größtes Auto und der Chauffeur fuhr ihn zu dem Platz, wo sich die Wege verzweigten.

Hans hatte den linken Weg genommen. Auch er kam zu einer großen Stadt und wollte in dieser Stadt sein Glück machen. Die Menschen, die er traf, waren fröhlich und scheinbar zufrieden mit dem Leben, welches sie führten. „So hat der Alte mir wohl den rechten Weg zum Glück gezeigt!“, dachte Hans.
Er suchte sich Arbeit und die bekam er auch sofort. Da er sich geschickt und anstellig zeigte, meinte sein Vorgesetzter: „Hans, du kannst mehr. Setze dich auf die Schulbank und lerne!“
Und Hans nahm den Vorschlag an und büffelte viel Nützliches und auch Unnützes. Neben ihm auf der Bank saß ein Mädchen, im gleichen Alter wie Hans und wunderschön. Oft schaute er zu ihr und sie lächelte ihm dann zu. Aber sie anzusprechen, das wagte er nicht. Aber sie tat es! So lud sie ihn zum Eis ein und er sie dann zum Abendessen; sie stellte ihn ihren Eltern vor und er bestellte das Aufgebot für die Hochzeit. So gründeten Hans und Susi eine Familie und nach einem Jahr feierten sie die Geburt ihres ersten Kindes.
„Ich bin glücklich“, sprach Hans zu sich. „Der alte Mann hat mir den rechten Weg gewiesen.“
Hans war erfolgreich in seinem Beruf. Drei Kinder sagten zu ihm „Papa“. Er sparte mit seiner Susi auf ein Häuschen

im Grünen und als er den Schlüssel für das eigene Haus in Empfang nahm, fühlte er sich überglücklich.
Doch nur wenige Tage später las er in der Zeitung von seinem Bruder Frieder, der im Nachbarland ein mächtiger und einflussreicher Mann geworden war. „Schau an, der Frieder“, murmelte Hans, und insgeheim zweifelte er an seinem Glück, als er las, dass Frieder ein sehr, sehr reicher Mann war.
Jede Woche und dann jeden Tag las er von dem mächtigen Frieder, der die Geschicke des Nachbarlandes bestimmte. Las er solch einen Artikel, dann war er gereizt und ungenießbar. Seine Susi merkte das wohl und als sie mit ihm darüber sprechen wollte, sagte Hans zu ihr: „Sieh, was mein Bruder hat! Er ist bestimmt glücklicher, als wir es sind!“
Darüber wunderte sich seine Susi sehr. „Aber Hans, wir haben uns etwas geschaffen, drei gesunde Kinder sagen Papa und Mama zu uns. Zählt das nicht?!“
Doch Hans winkte nur ab und wollte nicht mehr darüber sprechen.
Dann kam der Tag, an dem ihr Land überfallen wurde. „O weh, es ist Krieg!“, klagten die Leute und auch Hans und seine Susi waren betrübt. Und die jungen Männer gingen in den Krieg und bald hörten sie, dass der Franz, des Nachbars einziges Kind, auf dem Schlachtfeld gefallen war. „O, welch ein Unglück!“, rief Susi und umarmte ihren Hans. „O Hans, welch ein Glück für uns, dass nur Unverheiratete in diesen schlimmen Krieg ziehen müssen!“
Und Hans war hin- und hergerissen von den Gefühlen des Glücks und des Unglücks. „So ist des einen sein Glück des anderen sein Unglück“, sinnierte Hans. Doch dann, als er

in der Zeitung ein großes Bild Frieders sah, dachte er, dass doch nur der Frieder den rechten Weg genommen habe – denn er, der Frieder, müsse bestimmt nicht in diesen bösen Krieg ziehen.
Und in dieser Nacht träumte er von dem alten Mann, der ihn aufforderte: „Komm, Hans, tausche mit deinem Bruder!“
So setzte sich Hans am nächsten Morgen in sein kleines Auto und fuhr zur Weggabelung.

Der Alte erwartete ihn schon und sprach zu Hans: „Dein Bruder wird gleich erscheinen. Sag, war dies der rechte Weg?“
„Ich weiß nicht, alter Mann. Ich glaube, der Frieder hat den rechten Weg genommen.“

Und der Frieder fuhr vor und der Hans staunte. Solch ein großes Auto hatte er noch nie gesehen. Ja, für Hans stand fest, der Frieder hatte den rechten Weg genommen!
Und der Alte fragte den Frieder: „Sag, Frieder, war dies der rechte Weg?“
Und Frieder antwortete: „Ich bin reich, reicher als alle anderen in meinem Land.“
Und der Alte sagte: „Du bist reich, Frieder, bist du auch glücklich?“
„Warum soll ich nicht glücklich sein?! Ich habe ein Haus mit 120 Zimmern! Wenn ich mit dem Finger schnipse, kommen 30 Bedienstete! Jeden Wunsch kann ich mir erfüllen! Ich entscheide über Krieg und Frieden! Und alle Mächtigen dieser Welt sind ein Nichts neben mir!“

„So sieht das wahre Glück aus", seufzte Hans und schaute ehrfurchtsvoll zu seinem Bruder.
„Nun gut", sagte der Alte, „so tauschen wir die Gesichter, doch die Herzen bleiben!"
Und er strich dem Hans übers Gesicht und der Hans wurde zum Frieder. Und so machte er auch aus dem Frieder den Hans.
Und der Hans, der jetzt wie Frieder aussah, stieg in das große Auto und mit großer Geschwindigkeit fuhr ihn der Chauffeur zum Haus mit den 120 Zimmern. Wie staunte der Hans da und er beneidete den Frieder um sein Glück.
Auch der Frieder, der jetzt der Hans war, stieg in das Auto und hatte Mühe, das alte Vehikel zu starten. „Das ist der reine Schrott!", fluchte er. „Konnte sich mein Bruder nicht ein besseres Auto kaufen?!"
Als er endlich das Auto zum Fahren brachte, quälte er sich zum Haus seines Bruders. „In dieser Hütte soll ich leben, und das ein ganzes Jahr lang!", knurrte er.
Susi empfing ihren Mann und fragte, wie seine Reise war. Doch Frieder, der wie Hans aussah, sagte nur: „Lass mir meine Ruh'!"
Und Susi weinte leise. Und als die Kinder zum Papa liefen und ihn mit Fragen bestürmten, da schnauzte er sie an und verteilte an jedes der Kinder seines Bruders viele Ohrfeigen. Und Susi weinte und schluchzte laut, nahm die Kinder und ließ ihren Mann allein.
Am nächsten Morgen weckte ihn Susi: „Hans, du musst zur Arbeit gehen!" Doch Frieder war solch frühes Aufstehen nicht gewöhnt. „Ich brauch' nicht zu arbeiten", murmelte er im Halbschlaf. „Ich bin reich!" So blieb

Frieder, der wie Hans aussah, der Arbeit fern. Und Susi fragte sich, was werden solle mit ihr und den Kindern? Am dritten Tag brachte der Postbote einen Brief vom Militär. Darin stand, dass Hans sich sofort in der Kaserne einfinden muss. Und Susi weinte und schluchzte laut und mit ihr die drei Kinder. Doch Hans, der ja der Frieder war, sagte: „Ich brauch' nicht zum Militär. Wenn ich mit den Fingern schnipse, dann kommen die Militärs zu mir!"
Und Frieder schnipste mit den Fingern und es kamen auch wirklich die Militärs. Sie legten ihn in Ketten und warfen ihn in der Kaserne ins Gefängnis. Bereits eine Stunde später verurteilte ihn ein Richter: „In die Strafkompanie! Sofort!" Und so erhielt Hans, der eigentlich der Frieder war, einen Tritt in den Hintern, ein Gewehr in die Hand und einen Befehl, der lautete: „Ab, an die Front!"
So stand Frieder, der wie Hans aussah, mit dem Gewehr in der Hand und schoss auf einen Feind, der ja eigentlich für ihn kein Feind war, da er ihn ja selbst als mächtiger Frieder in das Nachbarland geschickt hatte. Doch der Soldat ihm gegenüber wusste das ja nicht und legte das Gewehr an. Doch bevor er schießen konnte, schoss Frieder. Und der Soldat stürzte getroffen zu Boden und Frieder schrie, so wie die anderen Soldaten: „Hurräääää!" Und er stürmte gegen den Feind, der ja eigentlich nicht sein Feind war. Und als Frieder darüber nachdachte, traf ihn eine Kugel in die Brust. Frieder, der wie Hans aussah, fühlte den Schmerz, fühlte, wie das Leben ihn verließ. Und der letzte Gedanke galt seinem Bruder. „Du hast Glück, Hans! Ich sterbe für dich!" So starb Hans, der ja eigentlich der Frieder war, den Heldentod.

Zur selben Stunde herrschte vor dem großen Haus viel Lärm. „Was ist?“, herrschte Hans, der wie Frieder aussah, den Butler an.
„Herr, es ist der Mob! Es sind Menschen von der Straße! Sie wollen den Herrn Frieder sehen!“
„Was wollen sie denn von mir?“, fragte Hans verwundert.
„Sie scheinen nicht gut auf den Herrn Frieder zu sprechen zu sein.“
„Wieso?“
„Sie rufen: ‚Nieder mit dem Frieder!‘ Und dabei haben Sie den Menschen den wunderbaren Krieg gegeben – einen Krieg, da kann jeder dieser Plebse den Heldentod sterben!“
Und Frieder, der ja eigentlich der Hans war, ließ das Fenster öffnen und dann hörte er: „Nieder mit dem Frieder! Nieder mit dem Frieder!“
Und das verwunderte den Hans, dachte er doch, der Frieder ist glücklich gewesen und habe auch die anderen Menschen glücklich gemacht.
Doch die Menschen, die der Frieder unglücklich gemacht hatte, stürmten jetzt sein Haus und vorneweg lief ein alter Mann. Er drängte sich vor, als alle vor dem Frieder, der ja eigentlich der Hans war, standen.
„Ich muss ihn sprechen!“, schrie er mit verzweifelter Stimme. Und er ging auf den Frieder zu und sagte zu ihm: „Herr Frieder, du hast mir gesagt: ‚Geh nach Hause und schicke deinen Sohn zum Militär!‘ Herr, das habe ich gemacht! Meinen einzigen Sohn habe ich zum Militär geschickt und das habe ich dafür bekommen!“
Der alte Mann schwenkte einen weißen Bogen. „Er ist den Heldentod gestorben, Herr Frieder! Den Heldentod! Wie

sollen seine drei kleinen Kinder jetzt satt werden? Sollen sie das Papier essen, auf dem steht, dass ihr Vater ein Held sei, aber ein toter Held!?"
Und der zornige und verzweifelte alte Mann stupste den Frieder an die Brust, wieder und immer wieder. Und der Frieder, der ja eigentlich der Hans war, wich zurück. Er wollte dem alten Mann etwas sagen, aber er wusste nicht, was er ihm sagen sollte. War er doch nicht der Frieder, sondern der Hans.
Und als er rückwärts ging und an der Brüstung des Balkons stand, stupste der alte Mann noch einmal, etwas unsanfter an die Brust Frieders. Und Hans, der ja nur wie Frieder aussah, stürzte hinunter, hinunter auf das harte Pflaster. Dort lag er nun, der Hans, der jetzt für den Frieder den Tod gefunden hatte. Und sein letzter Gedanke galt seinem Bruder: „Frieder, du hast Glück. Bist bei meiner Frau und meinen Kindern! Du bist glücklich!"
So starb der Hans, der als Frieder den Tod fand.

Und der Alte von der Weggablung vernahm die Kunde vom Tode des Hans und des Frieders. Und er ging zum Haus der Großmutter, denn einer musste doch der Großmutter sagen, dass ihre Enkel den Tod gefunden hatten.
Und der Alte fand die Großmutter krank im Bett und er sprach zu ihr: „Traurige Kunde bringe ich dir, Großmutter. Hans und Frieder sind beide gestorben."
Wie klagte da die Großmutter. „Ich habe ihre Eltern begraben und die beiden Buben groß gezogen! Sie wollte ich glücklich machen und habe sie geschickt, das eigene Glück zu suchen! Sie sollten es finden, fest in die Hand

nehmen und es nicht mehr loslassen! Sag, alter Mann, sind sie wenigstens glücklich gestorben?"
Und der alte Mann lächelte und log: „Ja, Großmutter, sie sind glücklich gestorben und haben am Ende ihres Lebens an ihre Großmutter gedacht."
Und Großmutter lächelte, schloss die Augen und starb mit einem glücklichen Lächeln.

Und der alte Mann ging zurück zu der Weggablung, setzte sich auf die Bank und dachte lange über das Glück nach. Dann sagte er nur: „Solange der Mensch nicht den wahren Sinn des Lebens gefunden hat, so lange wird er vergebens das wahre Glück suchen!"

*

Der Mensch denkt immer ans Glück ...
Deshalb ist er auch stets so dumm.

Maxim Gorki (1868–1936)

*

Das Glück ist im Grunde nichts anderes
als der mutige Wille, zu leben,
indem man die Bedingungen des Lebens annimmt.

Maurice Barrès (1862–1923)

Glück liegt nicht darin, dass man tut, was man mag,
sondern mag, was man tut.

Sir James Matthew Barrie (1860–1937)

⁕

Um dein Glück musst du kämpfen,
die Probleme gibt es gratis.

Lebensweisheit

⁕

Wem es nicht ein Bedürfnis geworden ist,
glücklich zu sein, der wird es niemals werden.

Karl Gutzkow (1811–1878)

⁕

Die erste Wirkung des Glückes
ist das Gefühl der Macht.

Friedrich Nietzsche (1844–1900)

⁕

Es gibt (…) viele Wege,
die zu dem Glück führen können,
wie es dem Menschen erreichbar ist;
keinen, der sicher dahin leitet.

Sigmund Freud (1856–1939)

Glück im Unglück

Kurt Tucholsky (1890 – 1935)

Ich bin kein Mann,
nach dem man in den Kissen schluchzt –
ich weiß es wohl;
da nützt kein Ödipus-Komplex, kein Fluchts-
versuch in das Symbol.
Seit Jahren sagen alle Frauen,
wenn sie mir in die Augen schauen,
sie sagen, seit ich majorenn:
„Schön bist du nicht – klug bist du nicht –
reich bist du nicht – lieb bist du nicht –
was bist du denn?"

Das kränkte auf die Dauer jeden Mann
des Okzidents.
Was folgt daraus? Ich zieh schon lange an
der Konsequenz.
Man muss nur sehn, mit wem ichs treibe:
an Geist vermiekert, Fett am Leibe –
ich frage mich verdüstert, wenn …:
„Schön sind sie nicht – reich sind sie nicht –
klug sind sie nicht – lieb sind sie nicht –
was sind sie denn?"

Man hat mich dünn wie Makkaroni,
den man in Mailand zieht.
Ich bin ja schließlich kein Adoni –
wie heb ich meinen Sexualkredit?

Ich seh mir die an, wo uns so regieren.
Da darf man wohl die Frage formulieren,
betrachtet man die Gentlemen:
„Schön sind sie nicht – klug sind sie nicht –
lieb sind sie nicht – ’tellijent sind sie nicht –
was sind sie denn –
Ja, was sind sie denn –?“

Schlau. Im Skatverein. Und immer vorhanden.
Das befähigt zur Führung in deutschen Landen.

Aus: Kurt Tucholsky, Gesammelte Werke in 10 Bänden.
Reinbek bei Hamburg: Rowohlt 1975.

*

Wo ein Mensch die reichste Kraftentwicklung findet,
erfährt er die tiefsten Seelenbewegungen;
wo dies, empfindet er das vollste Glück,
wo dies, erlangt er die höchste Lebenssteigerung und
fördert die höchste Lebenssteigerung für das Ganze.

Robert Musil (1880 –1942)

*

Glaube an Wunder, Liebe und Glück,
schaue nach vorne und niemals zurück,
tu, was du willst und stehe dazu,
denn dieses Leben lebst nur du!

Lebensweisheit

Wer Glück will, muss erwerben,
was ihm kein Schicksalsschlag entreißen kann.

Aurelius Augustinus (354 – 430)

⁕

Das Glück, von dem er träumt,
Hat mancher längst versäumt.

Bruno Alwin Wagner (1835 –1917)

⁕

Die Menschen haben die Göttin des Glücks erfunden,
um ihr eigenes Unvermögen zu rechtfertigen.

Demokrit (460 – 370 v. Chr.)

⁕

Der Mensch meint oft,
er ginge seinem Glück entgegen,
Und auf seinem Wege steht vielleicht das Unglück.

Heinrich Heine (1797–1856)

⁕

Formel meines Glücks:
ein Ja, ein Nein, eine gerade Linie, ein Ziel.

Friedrich Nietzsche (1844 –1900)

Glück im Freien

Johann Gaudenz von Salis-Seewis (1762–1834)

Wie schön ist's im Freien!
Bei grünenden Maien
Im Walde, wie schön!
Wie süß, sich zu sonnen,
Den Städten entronnen,
Auf luftigen Höhn!
Wo unter den Hecken
Mit goldenen Flecken
Der Schatten sich mischt,
Da lässt man sich nieder,
Von Haseln und Flieder
Mit Laubduft erfrischt.

Drauf schlendert man weiter,
Pflückt Blumen und Kräuter
Und Erdbeern im Gehn;
Man kann sich mit Zweigen,
Erhitzet vom Steigen,
Die Wangen umwehn.

Dort heben und dunken,
Gleich blinkenden Funken,
Sich Wellchen im Bach:
Man sieht sie verrinnen
In stillem Besinnen,
Halb träumend, halb wach.

In weiten Bezirken,
Mit hangenden Birken
Und Buchen besetzt,
Gehn Damhirsch und Rehe
In traulicher Nähe,
Von niemand gehetzt.

Am schwankenden Reisig
Hängt zwitschernd der Zeisig,
Vor Schlingen nicht bang;
Erfreut, ihn zu hören,
Sucht keiner zu stören
Des Hänflings Gesang.

Hier sträubt sich kein Pförtner,
Hier schnörkelt kein Gärtner
Kunstmäßig am Hain.
Man braucht nicht des Geldes;
Die Blumen des Feldes
Sind allen gemein.

Wie schön ist's im Freien!
Despoten entweihen
Hier nicht die Natur.
Kein kriechender Schmeichler,
Kein lästernder Heuchler
Vergiftet die Flur.

Willst Du glücklich leben,
hasse niemanden und überlasse die Zukunft Gott.

Johann Wolfgang von Goethe (1749–1832)

⁂

Das Glück im Leben
hängt von den guten Gedanken ab, die man hat.

Marc Aurel (121–180)

⁂

Es ist schwer, das Glück in uns zu finden,
und es ist ganz unmöglich, es anderswo zu finden.

Nicolas Chamfort (1741–1794)

⁂

Zwei Dinge sind schädlich für jeden,
der die Stufen des Glücks will ersteigen.
Schweigen, wenn es Zeit ist zu reden,
und reden, wenn es Zeit ist zu schweigen.

Friedrich von Bodenstedt (1819–1892)

⁂

Vergiss nicht – man braucht nur wenig,
um ein glückliches Leben zu führen.

Marc Aurel (121–180)

Der Hirtenzweig

Salzburger Volkssage

Vor vielen Jahren machten mehrere Bauern einen Spaziergang in der Nähe des Gamskogels beim Untersberg. Sie erzählten sich von den Wundern und Schätzen, die hier unterm Untersberg seit alten Zeiten beheimatet sind. So war es schon dunkel geworden. Da bemerkten sie auf einer kleinen Anhöhe in einem gar seltsamen Licht einige Figuren, die sich mit Kegelspiel die Zeit vertrieben. Da unter den Bauern ein paar gute Kegler waren, so wollten sie zuschauen und gingen näher auf die Spielenden zu. Als sie aber ganz nahe gekommen waren, sahen und hörten sie plötzlich nichts mehr von den Spielenden und dachten sich gleich, dass die Geister des Untersberges ihr Spiel mit ihnen trieben.

Der beherzteste der Bauern aber wollte die Geister bannen, da er wusste, dass, wenn man ihnen widersteht und sie durch seine Unerschrockenheit zur Antwort zwingt, sie einem ein Geschenk machen. So bat er laut und vernehmlich um ein solches, und noch waren seine Worte nicht verhallt, als auch schon ein kleines graues Männlein mit schneeweißem Bart vor den erschrockenen Bauern stand und jedem von ihnen einen schönen Birkenzweig überreichte. Etwas stutzig nahmen die Bauern den Zweig entgegen, aber nur der, der gerufen, bedankte sich auch. Plötzlich war das Männlein ebenso schnell, wie es gekommen war, auch wieder verschwunden, und die Bauern gingen den Hang hinab. Als sie auf der Straße angekommen waren, warfen alle mit

Ausnahme dessen, der den Geist beschworen hatte, das unansehnliche Geschenk fort und sprachen auch gar nicht mehr weiter darüber. Er bewahrte den Zweig wohl auf und legte ihn hinter seinen großen Kachelofen. Die Katze zerrte ihn aber wieder hervor und die Kinder griffen nach ihm und rissen ihn auseinander. So brach die Nacht an und alle gingen zur Ruhe. Das Geistergeschenk blieb in viele Stücke zerrissen auf dem Boden und wäre wohl am Morgen zum Kehricht gewandert. Aber als die ersten Sonnenstrahlen durch das Fenster fielen und der Bauer sich von seinem Lager erhob, um frisch gestärkt vom erquickenden Schlaf an seine Arbeit zu gehen, da fiel sein Auge auf einen glänzenden Gegenstand am Boden. Er hob ihn auf und siehe da, es war ein Stück vom Birkenzweig, aber dieser war über Nacht zu reinem Gold verwandelt worden. Schnell suchte er nach den anderen Teilen des Zweiges und alles war zu Gold geworden. Da gab es des Jubels kein Ende und voller Freude erzählte der Bauer im ganzen Dorf vom unerwarteten Glück.

Als die anderen Bauern dies vernahmen, liefen sie, so schnell sie nur konnten, auf den Hügel und hofften, sie müssten die von ihnen weggeworfenen Birkenzweige wieder finden und könnten ebenfalls Gold nach Hause tragen. Aber es lag nur verwelktes Grün auf dem Boden, denn sie hatten ihr Glück mutwillig von sich geworfen, und wer dies tut, findet es nicht wieder.

Auszug aus dem Roman „Felicitas"

Felix Dahn (1834–1912)

Unter dem Mozartplatz in Salzburg wurde bei den Fundamentierungsarbeiten zu der am 4. September 1842 feierlich enthüllten Mozartstatue ein römisches Mosaik geborgen. Der Spruch in dem an einer Ecke beschädigten Mosaik lautete „hic habitat felicitas, nihil intret mali – Hier wohnt das Glück, nichts Böses trete ein". Felix Dahn, der Autor zahlreicher literarischer Kolossalhistorien, war von dieser Türinschrift im römischen Salzburg so fasziniert, dass er um das Mosaik den historischen Roman „Felicitas" schrieb, der im Jahr 476 im damals noch zur römischen Provinz Ufernoricum gehörenden Stadt Juvavum spielt.

Und so beginnt der Roman:

Es war ein schöner Juniabend. Die Sonne ging zu Golde: sie warf von Westen, von Vindelicien her, ihre vergoldenden Strahlen auf den Mercuriushügel und die bescheidene Villa, die ihn krönte.

Nur gedämpft drang hierher das Geräusch von der großen Straße, auf der hier und da ein zweirädriger Karren, mit norischen Rindern bespannt, aus dem Westtore von Juvavum, der Porta Vindelica, nach Hause zog: Colonen, Landleute, die an dem eben geendeten Markttage auf dem Forum des Herkules Gemüse, Hühner, Tauben feilgeboten hatten. So war es still und ruhsam auf dem Hügel; außerhalb der nicht mannshohen Steinmauer, die den Garten umfriedete, vernahm man nur das lebhafte Geriesel des kleinen Quellbachs, der, an seinem Ursprung zierlich in

grauen Marmor gefasst, nachdem er den Springbrunnen in der Mitte gespeist und dann den wohlgepflegten Garten in kunstvoll gewundenem Rinnsal durchwandert hatte, nahe dem wohlgefügten, von Hermen überragten, aber offnen, tür- und gitterlosen Toreingang, unter einer Mauerlücke durch, in einer Steinrinne hügelabwärts eilte.
Nach der Stadt zu, nach Südosten, lagen am Fuße des Hügels sorglich gepflegte Gemüse- und Obstgärten, Wiesen in saftigstem Grün und Getreidefelder mit üppigem Spelt, welche Frucht die Römer in das Barbarenland getragen. Hinter der Villa, nach Norden, aber ragte und rauschte, die Berghalde hinansteigend, schöner Buchwald: und aus seiner Tiefe scholl von fern der metallische Ruf des Pirols. Es war so schön, so friedlich; nur von Westen her – und nicht minder auch von Südosten! – stiegen drohende Wetterwolken auf.
Von dem offnen Tor führte durch den weitgedehnten Garten ein schnurgerader Weg, mit weißem Sand bestreut, zwischen ragenden Steineichen und Taxenbüschen hin, die, entsprechend lang herrschender Mode, mit der Schere in allerlei geometrische Figuren zurechtgeschnitten waren: – ein Geschmack oder Ungeschmack, den das Rokoko nicht erfunden, nur aus den Gärten der Imperatoren neu entlehnt hat.
Auf der langen Wegstrecke von dem Tor zu dem Eingang des Wohnhauses waren in regelmäßigen Abständen Statuen angebracht: Nymphen, eine Flora, ein Silvan, ein Merkur –: schlechte Arbeit, aus Gips; der dicke Crispus machte sie nach dem Dutzend in seiner Werkstatt auf dem Vulcanusmarkt zu Juvavum; und er ließ sie billig ab: denn

die Zeiten waren nicht gut für die Menschen und schlecht für Götter und Halbgötter; aber diese hier waren vollends geschenkt. Denn Crispus war ja der Vatersbruder des jungen Hausherrn Fulvius.

Von dem Tor des Gartens her schollen, an der Steinmauer der Umhegung widerhallend, ein paar Hammerschläge; nur leise, denn behutsam, von Künstlerhand waren sie geführt: es schienen die letzten, nachbessernden, abschließenden Mühungen eines Meisters.

Nun sprang der Hämmernde auf: er hatte dicht hinter dem Tore gekniet, neben welchem, aneinander aufrecht geschichtet, etwa ein Dutzend noch unbearbeitete Marmorplatten die Behausung eines Steinmetzen bekundeten: er steckte den kleinen Hammer in den Ledergürtel, der das Schurzfell über der blauen Tunika zusammenhielt, schüttete aus einem kleinen Ölfläschlein ein paar Tropfen auf ein Wolltuch, rieb damit den Marmor, gerade in der Inschrift, sorgfältig spiegelglatt, drehte den Kopf etwas seitwärts, gleich einem Vogel, der etwas recht genau besehen will, und las nun, wohlgefällig nickend, von der Eingangsplatte ab: „Ja, ja! Hier wohnt das Glück: mein Glück, unser Glück –: so lang als meine Felicitas hier wohnt – glücklich und beglückend hier wohnt. Niemals schreite Unheil über diese Schwelle: gebannt von dem Spruch mache jeder böse Dämon Halt! – Nun ist das Haus erst schön vollendet, durch diesen Spruch. Aber wo ist sie denn? Sie muss es sehen und mich loben. Felicitas“, rief er, gegen das Haus gewendet, „komm doch!“

Er wischte den Schweiß von der Stirn und richtete sich auf: eine geschmeidige Jünglingsgestalt, schlank, nicht über

Mittelgröße, dem Mercurius des Gartens nicht unähnlich, den Crispus, nach alter Überlieferung der Gliedermaße, geformt; dunkelbraunes Haar überzog, ganz kurz gekraust, fast wie eine wollige Kappe, den ungedeckten runden Kopf; unter starken Brauen lachten zwei dunkle Augen lustig in die Welt; die nackten Füße und Arme zeigten schöne Bildung, aber wenig Kraftübung: nur im rechten Arm hoben sich kräftiger die Muskeln; das braune Schurzfell war von Marmorabfall weiß besprengt. Er schüttelte den Staub ab und rief nochmals lauter: „Felicitas!"

Da erschien auf der Schwelle des Hauses eine weiße Gestalt, wie ein Bild eingerahmt in die zwei Wandpfeiler des Eingangs, den dunkelgelben Vorhang zurückschlagend, der, an Ringen schiebbar, von einer Bronzestange gerade herabhing, ein ganz junges Mädchen – oder war es ein junges Weib? – Ja, es musste schon Weib geworden sein, dieses Kind von kaum siebzehn Jahren: denn ohne Zweifel war es die Mutter des Säuglings, den es mit dem linken Arm an den Busen schmiegte: nur die Mutter hält ein Kind mit solchem Ausdruck in Bewegung und Antlitz.

Zwei Finger der rechten Hand, die Innenfläche nach außen gekehrt, legte die junge Mutter warnend an den Mund: „Stille!", mahnte sie – „unser Kind schläft." Und nun schwebte die noch kaum vollreife Gestalt die vier Steinstufen hinab, die von der Schwelle in den Garten herabführten, vorsichtig das Kind auf dem linken Arm noch etwas höher schiebend und enger andrückend, mit der Rechten aber leise den Saum des ganz weißen Faltengewandes bis an die feinen Knöchel hebend, das tadellos schön geformte Oval des Hauptes vorsichtig leise senkend: es war ein Anbild von

vollendeter Anmut: jugendlicher, kindlicher noch als die Madonnen Raffaels: und nicht demütig und doch zugleich mystisch verklärt, wie die Mutter des Christuskindes; da war nichts Wunderhaftes, nur edelste Einfachheit und doch königliche Hoheit in ihrer unbewussten Würde und Unschuld; wie Wohllaut der Musik umfloss es bei jeder der maßvollen, nie das Bedürfnis überschreitenden Bewegungen diese Gestalt einer Mutter gewordenen Hebe: Weib und doch ewig Mädchen; rein menschlich, vollendet glücklich, abgeschlossen und befriedet in der Liebe zu dem Jüngling-Gemahl und dem Kind an ihrer Brust: rührend, lieblich und ehrwürdig zugleich: bei aller vollendeten Schönheit des Wuchses, des Antlitzes, der Farben so keusch, dass, wie vor einer Statue, jedes Verlangen in dieser Nähe schwieg.
Sie trug keinen Schmuck: das Haar, lichtbraun, wann es die Sonne küsste, in leisem Goldglanz leuchtend, floss in natürlicher Wellung von den offnen, edel geformten Schläfen zurück, die gar nicht hohe Stirne frei gebend, im Nacken in einen losen Knoten geschürzt: ein milchweißes Gewand von feinster Wolle, auf der linken Schulter mit einer schön geformten, aber schmucklosen Silberspange gefestet, umschloss in fließenden Falten die ganze Gestalt bis auf die Knöchel und die zierlichen roten Ledersandalen, den Hals, den oberen Teil des zart gewölbten Busens und die glänzenden, aber fast noch kindlichen, deshalb beinah ein wenig zu lang scheinenden Arme zeigend: unter der Brust war ein Zipfel des Gewandes durch den handbreiten Bronzegürtel geschlungen. So glitt sie, unhörbar, wie eine unmerkliche Welle, die Stufen herab und schwebte auf den Gemahl zu. Das längliche, schmale Antlitz trug jenes

wunderbare, fast bläulich schattierte Weiß, das nur den Töchtern Joniens eignet und das keine Mittagssonne des Südlands zu bräunen vermag; die im Halbkreis, streng regelmäßig, wie mit dem Zirkel, gezogenen Brauen hätten dem Antlitz fast etwas Lebloses, Statuenhaftes gegeben: aber unter den langen, langen, leise nach oben gekrümmten, ganz schwarzen Wimpern leuchteten die dunkelbraunen Antilopenaugen, wie sie sich nun auf den Geliebten richteten, in seelenvollstem Leben.

Dieser flog ihr mit raschen Schritten entgegen, löste, sorglich, zärtlich, das schlummernde Kind aus ihrem Arm und legte es in den länglichen flachen Strohdeckel, den er von seinem Arbeitskorbe herabhob, unter den Schatten eines Rosengebüsches: eine voll erblühte Rose warf im Abendwind duftige Blätter auf den Kleinen: er lächelte im Schlummer.

Der Hausherr führte nun, den Arm um die fast allzu schmalen Hüften schlingend, das junge Weib vor die eben vollendete Eingangsplatte und sprach: „Jetzt ist der Spruch fertig, den ich vor dir geheim gehalten, bis ich ihn, rasch fortarbeitend, vollenden konnte; nun lies, und wisse und fühle – er küsste sie zärtlich auf den Mund: „Du selber bist das Glück – Du wohnst hier!“

In Felix Dahns Roman bleibt es aber nicht so idyllisch:

(Zusammenfassung der Herausgeber)

Der Steinmetz Fulvius und seine junge Frau Felicitas leben in ihrer bescheidenen Colonen-Villa nahe der Provinzhauptstadt Juvavum bei den Untersberg-Marmorbrüchen um 476 nach Christus in der bewegten Zeit des

Zusammenbruchs des Weströmischen Reichs und der Germanenstürme.
In Juvavum herrscht willkürlich mit einer kleinen Gruppe römischer Soldaten, die aus allen Teilen des römischen Weltreichs stammen, der Tribun Leo, ein sexbesessener Abenteurer aus Kalabrien, der sich um den Kaiser in Ravenna nicht schert. Er will die schöne Felicitas für sich, beschuldigt Fulvius einer fingierten Steuerschuld und lässt ihn einkerkern. Felicitas sucht Hilfe bei der einzigen Vertrauensperson der zwischenzeitlich überwiegend christlichen Bevölkerung, dem Bischof Johannes, doch auch dieser kann ihr nicht helfen. Schließlich flieht sie und versteckt sich mit dem Kind.
Zur selben Zeit kommt ein Heerbann der Alemannen, zu dessen Führern der junge Herzogssohn Luithari gehört, vor die Mauern von Juvavum und verlangt die friedliche Übergabe der Stadt und den Abzug der römischen Soldaten, da der letzte römische Kaiser zugunsten des germanischen Heerführers Odoaker abgedankt hat.
Tribun Leo glaubt aber, die Alemannen überwältigen zu können und zwingt die Bürger Juvavums in den Kampf, den sie – nach dramatischen Schlachtenszenen an der Salzachbrücke – letztlich verlieren, da im Hinterhalt ein Heer der Bajuwaren wartete.
Zuletzt überwältigen die alemannisch-bajuwarischen Truppen auch den Sitz des Tribuns, das Kapitol am Nonnberg; der dort gefangene Fulvius wird befreit, Tribun Leo gelingt die Flucht. Er sucht Zuflucht im Haus des Steinmetzen am Untersberg, findet Felicitas im Versteck und bedroht sie. Doch da kommt ihr der zufällig

vorbeireitende Herzogssohn Luithari zu Hilfe, der in einem spannend geschilderten nächtlichen Schwertkampf den Tribun tötet. Dabei wird das Mosaik im Eingangsbereich mit dem Glücksspruch an einer Ecke beschädigt. Die schon christianisierten Bajuwaren bestätigen die ansässige, von Bischof Johannes vertretene Bevölkerung in ihren Rechten; Luithari, der später die Tochter des Bajuwarenherzogs Agilolf heiratet, wird Pate des kleinen Felix, des Kindes von Felicitas und Fulvius. Das Glück kehrt im Haus wieder ein und sollte es nicht mehr verlassen.

*

Glück liegt im Streben nach Glück

Fjodor Michailowitsch Dostojewski (1821–1881)

Ihr versteht natürlich, dass die menschliche Wissenschaft sich noch im Säuglingsalter befindet und ihre ersten Schritte macht, und, wenn sie überhaupt etwas Sicheres erreicht hat, so doch nur, dass sie fest auf ihren Beinen steht; wenn es also plötzlich eine ganze Reihe von Entdeckungen regnete, zum Beispiel, dass die Sonne stillstehe und die Erde sich um sie drehe (denn es gibt natürlich sicher eine Menge Entdeckungen von gleicher Wichtigkeit, die noch nicht gemacht worden sind und die sich unsere Weisen noch nicht einmal träumen lassen); wenn nun alle diese Kenntnisse plötzlich der Menschheit in den Schoß fielen, und zwar vollkommen unentgeltlich, als Geschenk?

Ich frage: Was würde dann mit den Menschen geschehen? Oh, zuerst würden sie natürlich entzückt sein. Die Menschen würden einander begeistert um den Hals fallen, würden alle die Entdeckungen studieren (dies würde aber einige Zeit erfordern); sie würden sich, plötzlich sozusagen von Glück überschüttet, in materiellen Gütern vergraben sehen; (...)
Aber diese ganze Begeisterung würde kaum auch nur für eine Menschengeneration vorhalten! Die Menschen würden plötzlich merken, dass sie kein Leben mehr haben, keine Freiheit des Geistes, keinen Willen und keine Persönlichkeit, dass ihnen jemand dies alles gestohlen hat; dass das menschliche Antlitz verschwunden ist und an seine Stelle das tierische Angesicht des Sklaven getreten ist, bloß mit dem Unterschied, dass das Rind nicht weiß, dass es ein Rind ist, der Mensch aber wissen würde, dass er ein Vieh geworden ist. Und die Menschheit würde verfaulen; die Menschen würden mit Eiterbeulen bedeckt sein, sie würden vor Schmerz ihre Zungen beißen, wenn sie sähen, dass man ihnen für Brot, für „die in Brote verwandelten Steine" das Leben genommen hat. Die Menschen würden verstehen, dass es in Untätigkeit kein Glück gibt, dass das mühelose Denken erlöschen muss, dass man seinen Nächsten nicht lieben kann, wenn man ihm nicht von seiner Hände Arbeit spendet, dass es gemein ist, umsonst zu leben, und dass das Glück nicht im Glück, sondern im Streben nach dem Glück liegt. Es würde große Langeweile und eine Zeit der Unlust anbrechen: alles ist getan, und es gibt nichts mehr zu tun; alles ist bekannt, und es gibt nichts mehr zu erforschen.

Denn jeder hofft doch, dass das Glück ihm lache.
Allein das Glück, wenn's wirklich kommt, ertragen,
ist keines Menschen, wäre Gottes Sache.

August von Platen (1796–1835)

*

Nicht Glückes bar sind deine Lenze

Theodor Fontane (1819–1898)

Nicht Glückes bar sind deine Lenze,
Du forderst nur des Glücks zu viel;
Gib deinem Wunsche Maß und Grenze,
Und dir entgegen kommt das Ziel.

Wie dumpfes Unkraut lass vermodern,
Was in dir noch des Glaubens ist:
Du hättest doppelt einzufordern
Des Lebens Glück, weil du es bist.

Das Glück, kein Reiter wird's erjagen,
Es ist nicht dort, es ist nicht hier;
Lern überwinden, lern entsagen,
Und ungeahnt erblüht es dir.

Ich glaube nicht an das Glück der Tiere, allenfalls wenn es mich reizt, davon zu reden, um einem Gefühl, das dieses mutmaßliche Glück unterstreichen soll, Nachdruck zu verleihen. Um glücklich zu sein, muss man wissen, dass man glücklich ist. Es gibt kein Glück im traumlosen Schlaf, sondern nur beim Erwachen mit dem Wissen, dass man traumlos geschlafen hat. Das Glück liegt außerhalb des Glücks.

Fernando Pessoa (1888 – 1935)

*

Jung sterben!

Joachim Ringelnatz (1883 – 1934)

Jung sterben – in besten, noch hoffenden Jahren –
Wie schön muss das sein!
Du hättest nur Gutes, nur Frohes erfahren.
Blieb Alles dein.
Und es blieb an der Stätte, wo du begraben,
Nur Liebe zurück.
So gar nichts Trübes gekostet zu haben –
Wär's nicht ein Glück?

Glück durch Liebe und Vertrauen

Das gemeinsame Glück zweier Menschen
ist nichts anderes als zwei kleine,
nebeneinander geritzte Striche in die Unendlichkeit.

Robert Musil (1880–1942)

*

Brief vom 10. Februar 1505 an Lucrezia Borgia

Pietro Bembo (1470–1547)

Venedig, 10. Februar 1505

Solange ich lebe, erinnere ich mich nicht, je einen Brief erhalten zu haben, der mir so süß gewesen wäre, wie der, den Eure Herrlichkeit mir bei meiner Abreise übergab und in dem Ihr mir den deutlichsten Beweis liefertet, dass ich in Eurer Huld stehe. Wenn ich auch dafür schon früher einige Anzeichen gehabt habe, so hat mir doch diese Gewissheit von Eurer Hand unendliche Genugtuung und Beruhigung gewährt. Ich sage Euch daher allen Dank, den ich Euch für ein so köstliches Geschenk schulde – habe ich doch auf der Welt nichts anderes als Euch. In Erwiderung auf die Stelle, in der Ihr sagt, ich hätte wohl daran getan, Euren Kummer durch meinen Brief zu lindern, und dass Ihr schon längst darauf gewartet hättet, versichere ich Euch, dass ich Euch das erste Mal, da ich Euch sah, so fest in mein Herz geschlossen habe, dass Ihr in keinerlei Weise wieder herauskönnt. Und wenn ich lange Zeit Euch gegenüber geschwiegen habe, so ist dies aus dem Grunde geschehen, weil mein verwünschtes Missgeschick, das sich all meinen weiterreichenden Wünschen auf das Heftigste entgegenstemmt, es gewollt hat, dass mein einziges Sinnen und Trachten darauf stand, wie ich die Glut in meinem verwundeten und entflammten Herzen stillen könnte. Obgleich nun dieses selbe Missgeschick mir jetzt mehr als je hindernd in den Weg tritt, so schreckt es mich dennoch nicht ab und wird mich niemals abschrecken, Euch trotzdem zu lieben, Euch für meine und meines Lebens einzige und teure Herrin zu halten und Euch mit all jener lauteren und von Herzen kommenden Treue zu dienen, mit der ein aufrichtig und unwandelbar Liebender der Dame, die er über alles auf Erden liebt und verehrt, dienen kann. Ich bitte Euch inständig, ändert Eure Gesinnung betreffs dieser Liebe nicht, wenn sich auch, wie Ihr seht, vieles unseren Wünschen hindernd in den Weg stellt, sondern seid umso mehr darauf bedacht, Eure Liebe zu höherer Glut anzufachen, je mehr Ihr die Schwierigkeiten Eures Unternehmens erkennt, und bedenkt, dass jedermann zu lieben versteht, wo alles leicht und günstig und glatt vonstattengeht, wo sich aber tausend Schwierigkeiten und Hemmnisse, tausend Wachen, tausend Barrikaden, tausend Mauern entgegenstellen, da vermag nicht jedermann zu lieben oder will es nicht, wenn er es auch vermag, oder besitzt keine Ausdauer, wenn er auch will. Daher ist es auch etwas sehr Seltenes, und weil es sehr selten ist, ist es auch etwas sehr Schönes, Hochherziges, Rühmenswertes und ein klarer Beweis sowie ein deutliches

Anzeichen einer edlen, erhabenen Gesinnung. Denn, wie sehr ich auch eine ruhige Entwicklung unserer Liebe Schwierigkeiten vorziehe, so höre ich doch nicht auf, mich an der Kühnheit des Gedankens zu weiden, dass ich Euch allen Schicksalsgewalten zum Trotz liebe, und dass es nichts gibt, was mir diese Liebe aus dem Herzen reißen kann. Ich stelle mir vor, dass, wenn auch Ihr Euch durch nichts bewegen lasst, mir Eure Liebe zu entziehen, endlich doch der Tag kommen muss, an dem das Schicksal von uns besiegt und überwunden wird, wenn wir nur den Mut nicht sinken lassen. Dann wird uns die Erinnerung an unsere Festigkeit und Beständigkeit lieb und wert sein, und wir werden uns bei dieser Erinnerung glücklich fühlen, da der Triumph umso größer und erhebender ist, je schwerer und mühsamer der Sieg zu erringen war. Da Ihr mir versichert, Ihr wünschtet das Leben „nur, um es mir zu widmen", so erkläre ich Euch, dass ich fortan nicht nur ebenfalls mein Leben einzig zu dem Zwecke verwenden will, Euch zu dienen, und nach nichts anderem trachten, auf nichts anderes sinnen, sondern dass ich mich auch keinen Augenblick bedenken will, es Euch zuliebe aufs Spiel zu setzen und hinzuopfern. Da man doch auf alle Fälle sterben muss und zehn bis zwanzig Jahre mehr oder weniger keinen Unterschied ausmachen, so wäre es mir viel erwünschter, wenn ich doch einmal diese Welt verlassen muss, dass dies jetzt und in Eurem Dienste geschähe, als dass ich, Eurer Huld beraubt, noch lange zu leben hätte. Da Ihr wisst, dass ich mich glücklich schätze, wenn ich Euch etwas zuliebe tun kann, so bitte ich Euch, Ihr möchtet ganz ohne Rücksicht auf mein Leben über mich verfügen. Vor allem aber bitte ich Euch, darauf

achtzuhaben, dass niemand Eure Gedanken erfahren oder erraten kann, damit uns die Wege, die zu unserer Liebe führen, nicht noch mehr versperrt und verlegt werden, als es jetzt schon der Fall ist. Traut niemandem, es sei auch, wer es wolle, bis ich zu Euch komme, was bestimmt zu Ostern geschehen wird, wenn ich dann noch am Leben bin. Der Überbringer dieser Zeilen, der mir auf das Treueste ergeben ist, wird auf dem Rückweg von Verona wieder bei Euch vorsprechen, um sich zu erkundigen, ob Ihr mir keine Befehle zu erteilen habt. Habt die Gewogenheit, in der Zwischenzeit eine Antwort für mich fertig zu machen und sie ihm in der größten Heimlichkeit auszuhändigen; dann wird sie mir auf das Sicherste überbracht werden. Da wir uns ferner nicht mündlich unterhalten können, so bitte ich Euch, damit zufrieden sein zu wollen, dass Ihr brieflich mit mir nach Herzenslust plaudern könnt, und mir zu berichten, in welcher Weise Ihr lebt, welches Eure Gedanken sind, wer Euer Vertrauter ist, was Euch quält und was Euch tröstet. Achtet wohl darauf, dass Euch niemand schreiben sieht; denn ich weiß, dass man Euch bewacht. Ich werde also, wie erwähnt, zu Ostern kommen und auf einen Monat oder etwas länger nach Rom gehen.
Nunmehr küsse ich Eure allersüßeste Hand, von der mein Herz zusammengepresst wird, und außerdem küsse ich, wenn Ihr mir die Erlaubnis dazu gebt, eins von Euren holden, strahlenden und süßen Augen, die mein ganzes Herz verzaubert haben und die hauptsächlichste und schönste, wenn auch nicht die einzigste Ursache meiner Liebesglut sind. Erinnert Euch bisweilen daran, dass ich an nichts anderes denke, nichts anderes vor Augen habe, nichts anderes

verehre als Euch, und dass ich keine Schicksalsschläge, kein Unglück, das mich treffen könnte, fürchte, wenn ich weiß, ich gehöre Euch in treuem Gedenken und in Liebe an, dass ich keine andere Seligkeit in diesem Leben kenne als Eure Zuneigung, die der sicherste Hafen und Ruheplatz für mein umhergeworfenes Lebensschifflein ist. Habt die Gewogenheit, das beifolgende Agnus Dei, das ich eine Zeit lang auf meiner Brust getragen habe, zuweilen des Nachts aus Liebe zu mir zu tragen, wenn Ihr es am Tage nicht tragen könnt, damit die teure Wohnstatt Eures herrlichen Herzens, die ich ein einziges Mal küssen möchte, und sei es um den Preis meines Lebens, wenigstens von dem Amulett, das lange Zeit auf der Wohnstatt des meinen geruht, berührt wird.

*

Wunsch der Geschwister des Bräutigams an das Brautpaar

Johann Wolfgang von Goethe (1749–1832)

Er fliegt hinweg, dich zu umarmen,
und unsre Seele jauchzt ihm laut!
Mit innig heißerem Verlangen
flog nie der Bräutigam zur Braut.
O Schwester, willst du länger weilen?
Auf, bring uns doppelt ihn zurück!
Wir wollen alles mit dir teilen,
und unser Herz und unser Glück.

Die besten Eltern zu verlassen,
die Freunde, denen du verschwind'st,
ist traurig; doch, um dich zu fassen,
bedenke, was du wiederfind'st.
Dein Glück, o Freundin, wird nicht minder,
und unsers wird durch dich vermehrt:
Sieh, dich erwarten muntre Kinder,
die werten Eltern Gott beschert.

Komm zu dem täglich neuen Feste,
wo warme Liebe sich ergießt,
ringsum die brüderlichen Gäste,
da eins des andern Glück genießt.
Im lang erhofften Sommerregen
reicht Gott dem früchtevollen Land
Erquickung, tausendfält'gen Segen! –
reich du dem Bruder deine Hand!

Und mit der Hand ein künftig Glücke
für ihn und dich und uns zugleich;
dann werden alle Augenblicke
an neuen Lebensfreuden reich,
Ja, es sind wonnevolle Schmerzen,
was aus der Eltern Augen weint!
Sie sehen dich mit warmen Herzen,
mit deiner Schwester neu vereint.

Wie Freud und Tanz ihn dir ergeben
und Jugendwonne euch verknüpft:
So seht einst euer ganzes Leben

am schönen Abend hingeschlüpft!
Und war das Band, das euch verbunden,
gefühlvoll warm und heilig rein,
so lasst die letzte eurer Stunden,
wie eure erste, heiter sein!

⁎

Brief vom 17. Juli 1796 an Kaiserin Joséphine

Napoleon Bonaparte (1769–1821)

Marmirolo, 17. Juli 1796

Ich habe Deinen Brief erhalten, meine anbetungswürdige Freundin; er hat mein Herz mit Freude erfüllt. Tausend Dank für die Mühe, die Du Dir genommen, mich über Dein Befinden zu benachrichtigen; heute wird es Dir gewiss besser gehen, ja ich bin sicher, dass Du gesund bist. Ich rate Dir dringend zu reiten; es wird nicht verfehlen, auf Deine Gesundheit wohltuend zu wirken.

Seit ich Dich verlassen, bin ich stets traurig gewesen; glücklich bin ich nur in Deiner Nähe. Fortwährend denke ich im Geiste an Deine Küsse, Deine Tränen, Deine reizende Eifersucht, und der Zauber der unvergleichlichen Joséphine entfacht immer von Neuem die wild glühende Flamme meines Herzens und meiner Sinne. Wann werde ich endlich, frei von Sorgen und Geschäften, all meine Zeit bei Dir verbringen können, nichts anderes zu tun haben, als Dich zu lieben, an nichts anderes denken brauchen als an das Glück, es Dir zu sagen und zu beweisen? Ich werde

Dir Dein Pferd schicken, hoffe aber, dass Du mir bald nachkommen kannst. Vor einiger Zeit glaubte ich, Dich zu lieben, aber seitdem ich Dich gesehen, fühle ich, dass ich Dich noch tausendmal mehr liebe. Seitdem ich Dich kenne, bete ich Dich täglich mehr an, das beweist, wie falsch der Grundsatz La Bruyeres ist: Die Liebe kommt mit einem Male. Alles in der Natur geht seinen Gang und hat seine verschiedenen Grade der Steigerung. Ach! lass mich, ich bitte Dich, wenigstens einige Deiner Fehler sehen! Sei weniger schön, weniger anmutsvoll, weniger zärtlich, weniger gut; besonders sei niemals eifersüchtig, weine niemals; Deine Tränen bringen mich um die Vernunft, erhitzen mein Blut. Glaube mir, es steht nicht mehr in meiner Macht, auch nur einen Gedanken zu haben, der nicht Dir gehörte, eine Idee, die ich nicht Dir unterbreitete. Ruhe Dich nur gut aus. Erhole Dich recht schnell und komme mir nach, damit wir wenigstens, ehe wir sterben, sagen können: Wir erlebten so viele glückliche Tage! Millionen Küsse, selbst für Fortune (Joséphines Schoßhund, Anm.), trotz seiner Garstigkeit.

Bonaparte.

⁕

Salzburger Hochzeitssprüche

Du hattest kein Glück und ich hatte keins;
wir nahmen einander, nun haben wir eins.
Wo haben wir es denn hergenommen?
Es ist vom Himmel auf uns gekommen.

Kummer lässt sich allein tragen.
Für das Glück sind zwei Menschen erforderlich.

Volksweisheit

⁕

Wir können das Glück verdoppeln,
indem wir es mit anderen teilen.

Volksweisheit

⁕

Glück und Traum

Johann Wolfgang von Goethe (1749–1832)

Du hast uns oft im Traum gesehen
Zusammen zum Altare gehen,
Und Dich als Frau, und mich als Mann.
Oft nahm ich wachend Deinem Munde,
In einer unbewachten Stunde,
So viel man Küsse nehmen kann.

Das reinste Glück, das wir empfunden,
Die Wollust mancher reichen Stunden
floh, wie die Zeit, mit dem Genuss.
Was hilft es mir, dass ich genieße?
Wie Träume fliehn die wärmsten Küsse,
Und alle Freude wie ein Kuss.

Brief vom 23. März 1866 an Amalia Stifter

Adalbert Stifter (1805–1868)

Kirchschlag, 23. März 1866

Geliebteste teuerste Gattin!

Mein verewigter sehr lieber Freund Zedlitz hatte das Sprichwort: „Das ist die rechte Höhe“, und ich sage auch: Das ist schon die rechte Höhe, wenn man, statt sein ehrliches Gewerbe der Schriftstellerei ordnungsgemäß zu betreiben, täglich an seine Gattin schreibt. Heute hat dir die Botin einen Brief gebracht, morgen bringt sie dir wieder einen, und so schreibe ich Dinge, die gar kein Geld eintragen, und ich schreibe sie doch; sie tragen etwas viel Besseres ein: eheliches Glück, eheliche Freude und häusliche Anmut, und wo diese Dinge eingekehrt sind, dort fließen auch die Gedanken in einem goldenen Strome, und wenn man dann diesem Strome das Schifflein der Dichtkunst anvertraut, so fährt es viel lustiger, schmucker und ergiebiger, als wenn man mit unmutigem Ruder verworren die Wellen peitscht, dass sie das Fahrzeug rütteln und schwenken und es den glatten Lauf nicht gewinnen lassen. Alles wird zehnfach eingebracht werden, wenn wir wieder beisammen sind. Es wird aber auch hier nichts versäumt.

(...)

Heute Vormittag habe ich deinen lieben Brief erhalten, und er hat mir, um mit Göthe zu reden, ein „rosenfarbnes Frühlingswetter“ in die Stube gebracht, obwohl draußen ein ungebärdiger Märzwind polterte. Ich habe ihn auf der Stelle drei Male gelesen. Ach wie glücklich machst du mich durch deine herzlichen Worte, und wenn du auch sagst, du kannst nicht schreiben, so ist die Natürlichkeit, die Lauterkeit, die Wahrhaftigkeit deiner Gedanken tausendmal mehr Goldes wert als das gemachte gekünstelte Ding einer schreibseligen Person. Mir werden deine Briefe Kleinode sein, so lange ich lebe. Deine Güte und deine tiefe Liebe zu mir ist mein Glück, und wie Gott mir sonst auch mein Leben mit vielen Freuden geschmückt hat, namentlich mit der Freude, mich an seinen Werken erquicken zu können, so hat er mir auch diese Freude gegeben, hat sie mir so lange erhalten, und wird sie uns noch erhalten. Bauen wir darauf, und tun wir das Unsrige dazu ...

⁕

Brief vom 30. Oktober 1866 an Amalia Stifter

Adalbert Stifter (1805 – 1868)

Lackenhäuser, 30. Oktober 1866

Meine innigst geliebte teuerste Gattin!
Heute bist du von mir fort gefahren, und heute ist es mir der sanfteste Trost, dir diese Zeilen aufzuschreiben. So bin ich gleichsam nicht von dir getrennt, und diese Buchstaben sind ein Band von mir zu dir hinüber. Du bist mein höchstes, mein einziges Gut auf dieser Welt, und ohne dich wäre ich so verarmt, dass diese Erde wie ein starrer Klumpen vor mir läge.
Da der Wagen mit dir fortrollte, sah ich ihm von der Gasse aus nach, bis er über den Morizberg hinab vor mir versunken war. Das letzte schwarze Pünktchen desselben

verschwand, und die Gegend mit der bleiernen Hochnebeldecke über sich war unsäglich verödet. Dann ging ich in unser bisher gemeinschaftliches, jetzt nur für mich gehöriges Zimmer, nahm die Uhr heraus und rechnete nach, wann der Wagen etwa wieder auf der Straße bei der österreichischen Finanzwache dürfte sichtbar werden. Ich rechnete gut; denn kaum hatte ich in der von mir vermuteten Zeit die Straße fünf Minuten mit dem Fernrohre fest gehalten, als der Wagen auf ihr gerollt kam, an dem Gebäude vorüber fuhr und mir für immer verschwand. Ich konnte nun nur mehr im Gedanken dich begleiten und mir sagen, jetzt ist sie etwa dort, dann dort, und so weiter ...
Ich hoffe, dass du ohne Unfall nach Hause gekommen bist. Schreibe mir in deinem zweiten Briefe auch etwas von der Putzi. Da sie kein Mäntelchen hat, hätte sie sich bis Aigen verkühlen können. Sollte man denn glauben, dass man ein Tierchen so lieb gewinnen kann. Aber es ist ja eben das Gold des Menschenherzens, dass Liebe Gegenliebe erweckt. Nur böse Wesen stoßen Liebe von sich, oder missbrauchen sie durch Eigennutz. Und darum ist unser Eheglück im Grunde des Grundes so groß, weil unsere Liebe ohne allen Eigennutz ist. Ich liebe dein edles Herz, und du das bisschen Gute, das an mir ist. Und mit diesen Worten schließe ich den Brief und sage dir im Geiste: gute Nacht, mein geliebtes Weib, gute Nacht. Ich sende dir die herzlichsten Küsse, und Grüße ...

Mit ganzer Seele bleibe ich
Dein treuer Gatte
Adalbert Stifter

In der Freundschaft wie in der Liebe
ist man oft glücklicher durch das, was man nicht weiß,
als durch das, was man weiß.

François Duc de La Rochefoucauld (1613–1680)

⁕

Glücklich allein ist das Herz, das liebt.

Johann Wolfgang von Goethe (1749–1832)

⁕

Küsse keck das holde Weib
und drück es fest an deinen Leib.
Denn das gibt Glück und hohen Mut,
so fern sie züchtig ist und gut.

Wolfram von Eschenbach (1170/80–1220)

⁕

Was Ihr das Glück nennt, ist nur ein Aufruhr der
Sinne, ein Sturm der Leidenschaften, dessen Anblick
erschreckend ist selbst vom sicheren Ufer aus.
O, wie sollte man diesen Stürmen Trotz bieten?
Wie das Wagnis eingehen, sich einzuschiffen
auf ein Meer bedeckt mit tausend und
abertausend Trümmern von Schiffbrüchigen?

Pierre-Ambroise-François Choderlos de Laclos (1741–1803)

Brief vom 1. September 1788 an Caroline von Dacheröden

Wilhelm von Humboldt (1767–1835)

Göttingen, am 1. September 1788

Ach! Lina, heute sind's 8 Tage, seit ich Dich nicht sah! Warum konnt' ich sie nicht zu der Länge eines Lebens ausdehnen, die Augenblicke, da ich in wonnevoller Entzückung in Deinen Armen lag! Auch Du warst ja glücklich. Ich las es aus Deinen Blicken. Und sagtest Du mir nicht selbst: „Ich bin immer glücklich, Wilhelm, wenn ich andere glücklich mache!" Und, machtest Du mich nicht glücklich? Was ich empfand, als ich beim Wegreisen wieder durch Burgörner, als ich vor der Laube vorbeikam, wo ich jene namenlosen Freuden genossen hatte, als ich Dein Haupt sah, als ich, wo ich hinblickte, eine Stelle sah, wo ich mit Dir gestanden, mit Dir gegangen, wo ich so unendlich glücklich gewesen war!

Und die Nacht darauf, ich ritt die Nacht durch – verzeih, Du wolltest es nicht, aber ich war schon länger geblieben, ich musste eilen –, wie war mir da so weh, so bang und doch dabei wie wohl, denn ich war so allein, die ganze Natur – und das habe ich so gern – sympathisierte mit meinem Gefühl. Es war so finster um mich her, lauter düstere Regengewölke, nur hie und da ein fernes Wetterleuchten. Ich kam durch ein Dorf durch, wo ich Musik und Tanz fand. Den Eindruck kann ich Dir nicht beschreiben. Diese lärmende Freude in dem Augenblick, da mein Herz so wehmütig gestimmt, da es nur für die sanfteren, stilleren Gefühle, zu welchen die

Wehmut selbst gehört, empfänglich war – ich ritt, so schnell ich konnte, fort. Und nun, seitdem ich hier bin, leb' ich und bin ich noch immer bei Dir.

Der Gedanke der Trennung hat meine Seele noch keinen Augenblick verlassen, ich kann selbst meinen vertrauteren Freunden, deren ich doch auch einige hier habe, noch nicht das wieder sein, was ich ihnen sonst war. Ich bin zu voll von dem Gefühl, Dich besessen und Dich wieder verloren zu haben. Ach, verzeih mir, Lina, Dein Wilhelm ist schwach, den Gedanken der Trennung kann sein Herz oft nicht tragen. Aber es wird austoben, dieses dumpfe Gefühl, und dann wird übrigbleiben, was allein unser und unsrer heiligen Verbindung ganz würdig ist, jene erhabene, genügsame Liebe, die die Seelen verschwistert, wenngleich weite Räume die Körper trennen.

Und was machst Du denn, meine traute, liebe, süße Lina? Ach, auch in Deinen Augen las ich tiefes Gefühl des Schmerzes bei der ersten Trennung nach kurzem Genuss. Du batest mich noch so, zu bleiben; es hätte Dich glücklicher gemacht. Wie es mir durch die Seele ging, Dir, Dir Einziggeliebten, das abzuschlagen! Und doch musste ich es. Ach, hätte ich bleiben können, nie trennte ich mich von Deiner Seite. – Aber nicht wahr, Lina, wir sind doch jetzt weit, weit glücklicher, als wir ehemals waren? Wir haben uns nun gesehen, Du hast mich Bruder, ich Dich Schwester gegrüßt, wir haben die Frucht der Liebe unsres Karls, die seligen Freuden der Verbindung genossen. Unsre Seelen sind jetzt einander näher. O Lina, wie soll ich Dir danken für das, was Du mir gabst in jenen Stunden, da ich an Deinem Busen lag, ungestört und ohne Zeugen? Ach, ich wagte es nicht, diese Liebe zu hoffen. Furchtsam harrte ich Dein in der Laube. Wird sie mich auch lieben? fragte ich mich oft. Oh, ich glaube so selten, geliebt zu werden. Das macht mich oft sehr unglücklich. Sage mir, meine Lina, woher das kommt? ...

Ich habe Dir ein zeigbares Briefchen geschrieben. Sage mir's, ob's so gut war. Ich kann gar nichts schreiben, wenn mein Herz kein Teil nehmen darf ...

Lebe nun wohl, Freundin meiner Seele, Geliebte, Schwester!

Lebe wohl, sei glücklich! O Lina, Du wirst geliebt, und wer geliebt wird, ist nie ganz unglücklich.

Lebe wohl und liebe ewig
Deinen Wilhelm

⁕

Rastlose Liebe

Johann Wolfgang von Goethe (1749–1832)

Dem Schnee, dem Regen,
Dem Wind entgegen,
Im Dampf der Klüfte,
Durch Nebeldüfte,
Immer zu! Immer zu!
Ohne Rast und Ruh!

Lieber durch Leiden
Möcht' ich mich schlagen,
Als so viel Freuden
Des Lebens ertragen.
Alle das Neigen
Von Herzen zu Herzen,
Ach, wie so eigen
Schaffet das Schmerzen!

Wie soll ich fliehen?
Wälderwärts ziehen?
Alles vergebens!
Krone des Lebens,
Glück ohne Ruh,
Liebe, bist du!

⁕

Ich will meine Frau glücklich machen,
und nicht mein Glück durch sie machen.

Brief von Wolfgang A. Mozart an seinen Vater, 1782

⁕

Ich kann ohne dich lachen.
Ich kann ohne dich weinen.
Ich kann ohne dich leben.
Ich kann ohne dich sterben.
Aber ich kann NIEMALS ohne dich glücklich sein!

Lebensweisheit

Das größte Glück auf dieser Welt
ist nicht Reichtum und viel Geld.
Das Größte, das will ich dir nennen,
ist einen Menschen wie dich zu kennen.

Lebensweisheit

⁕

Man muss sein Glück teilen, um es zu multiplizieren.

Marie von Ebner-Eschenbach (1830–1916)

⁕

Glück! Hafen der Leidenschaften!
Beharrlich glauben sie,
du bist ein blühender Zustand,
und bist doch nur der Duft der Blume Vergänglichkeit.

Theodoros Orfanidis (1817–1886)

⁕

Sie, zu ihm

Kurt Tucholsky (1890–1935)

Ich hab dir alles hingegeben:
mich, meine Seele, Zeit und Geld.
Du bist ein Mann – du bist mein Leben,
du meine kleine Unterwelt.

Doch habe ich mein Glück gefunden,
seh ich dir manchmal ins Gesicht:
Ich kenn dich in so vielen Stunden –
Nein, zärtlich bist du nicht.

Du küsst recht gut.
Auf manche Weise
zeigst du mir, was das ist: Genuss.
Du hörst gern Klatsch. Du sagst mir leise,
wann ich die Lippen nachziehn muss.
Du bleibst sogar vor andern Frauen
in gut gespieltem Gleichgewicht;
man kann dir manchmal sogar trauen ...
aber zärtlich bist du nicht.

O wärst du zärtlich!
Meinetwegen
kannst du sogar gefühlvoll sein.
Mensch, wie ein warmer Frühlingsregen
so hüllte Zärtlichkeit mich ein!
Wärst du der Weiche von uns beiden,
wärst du der Dumme. Bube sticht.
Denn wer mehr liebt, der muss mehr leiden.
Nein, zärtlich bist du nicht.

Aus: Kurt Tucholsky, Gesammelte Werke in 10 Bänden.
Reinbek bei Hamburg: Rowohlt 1975.

Mir ist zu licht zum Schlafen

Achim von Arnim (1781–1831)

Mir ist zu licht zum Schlafen,
Der Tag bricht in die Nacht,
Die Seele ruht im Hafen,
Ich bin so froh verwacht.

Ich hauchte meine Seele
Im ersten Kusse aus,
Was ist's, dass ich mich quäle,
Ob sie auch fand ein Haus!

Sie hat es wohl gefunden,
Auf ihren Lippen schön,
O welche sel'ge Stunden,
Wie ist mir so geschehn.

Was soll ich nun noch sehen,
Ach alles ist in ihr,
Was fühlen, was erflehen,
Es ward ja alles mir.

Ich habe was zu sinnen,
Ich hab', was mich beglückt,
In allen meinen Sinnen
Bin ich von ihr entzückt.
(…)

Ganymed

Johann Wolfgang von Goethe (1749–1832)

Wie im Morgenglanze
Du rings mich anglühst,
Frühling, Geliebter!
Mit tausendfacher Liebeswonne
Sich an mein Herz drängt
Deiner ewigen Wärme
Heilig Gefühl,
Unendliche Schöne!

Dass ich dich fassen möcht'
In diesen Arm!

Ach, an deinem Busen
Lieg' ich, schmachte,
Und deine Blumen, dein Gras
Drängen sich an mein Herz.
Du kühlst den brennenden
Durst meines Busens,
Lieblicher Morgenwind!
Ruft drein die Nachtigall
Liebend nach mir aus dem Nebeltal.

Ich komm'!, ich komme!
Wohin? Ach, wohin?

Hinauf! Hinauf strebt's,
Es schweben die Wolken

Abwärts, die Wolken
Neigen sich der sehnenden Liebe.
Mir! Mir!
In euerm Schoße
Aufwärts!
Umfangend umfangen!
Aufwärts an deinen Busen,
Allliebender Vater!

*

Brief vom 17. November 1912 an Felice Bauer

Franz Kafka (1883–1924)

17. XI. 12

Liebste, Allerliebste, ich ganz und gar Verdammter habe also den Ruhm, Dich Gesunde krank gemacht zu haben. Schone Dich, Du, höre, schone Dich, was ich an Dir verschuldet habe, mache es mir zuliebe an Dir wieder gut! Und ich wage es, Dir Vorwürfe wegen Deines Nichtschreibens zu machen und vergrabe mich so in eigene Unruhe und eigenes Verlangen, dass ich gar nicht fühle, dass Du krank bist, sondern lächerliche Vermutungen habe, Du seiest in Proben oder Unterhaltungen. Wahrhaftig, wenn wir durch Erdteile getrennt wären und Du irgendwo in Asien lebtest, wir könnten nicht weiter auseinander sein. Jeder Deiner Briefe ist ja für mich unendlich, und sei er noch so klein (Gott, was

dreht sich mir denn alles zu scheinbaren Vorwürfen, Dein heutiger Brief ist nicht klein, er ist genau 10000 Mal größer als ich ihn verdiene), ich lese ihn bis zur Unterschrift und fange ihn wieder an, und so geht es im schönsten Kreise. Aber schließlich muss ich doch einsehn, dass er einen Schlusspunkt hat, dass Du von ihm aufgestanden und weggegangen bist, für mich ins Dunkel. Da möchte man sich vor den Kopf schlagen.
(...) Aber heute am Tag musste ich den Briefträger ganz anders herbeiziehen. Unsere Briefträger sind so unpünktlich. Um ¼ 12 erst kam der Brief, zehnmal wurden die verschiedensten Leute von meinem Bett aus auf die Treppe hinausgeschickt, als könnte ihn das herauflocken, ich selbst durfte nicht aufstehn, aber um ¼ 12 war der Brief also wirklich da, aufgerissen und in einem Atemzug gelesen. Ich war unglücklich über Dein Kranksein, aber – jetzt enthüllt sich meine Natur – ich wäre unglücklicher gewesen, wenn Du bei guter Gesundheit mir nicht geschrieben hättest. Aber jetzt haben wir uns also wieder und wollen nach einem guten Händedruck einer den andern gesünder machen und dann gesund miteinander fortleben. Wieder antworte ich auf nichts, aber Antworten ist eben Sache der mündlichen Rede, durch Schreiben kann man nicht klug werden, höchstens eine Ahnung des Glücks bekommen. Ich werde Dir übrigens heute wohl noch schreiben, wenn ich auch noch heute viel herumlaufen muss und eine kleine Geschichte niederschreiben werde, die mir in dem Jammer im Bett eingefallen ist und mich innerlich bedrängt.

Dein Franz

Das Glück des Mannes heißt: ich will.
Das Glück des Weibes heißt: er will.

Friedrich Nietzsche (1844–1900)

⁎

Das größte Glück, das die Liebe zu geben vermag,
liegt im ersten Händedruck der geliebten Frau.
Das Glück der Galanterie dagegen ist sachlicher
und eine mehr scherzhafte Angelegenheit.
In der leidenschaftlichen Liebe
beruht das höchste Glück
weniger in der Vereinigung
als in dem letzten Schritt dazu.

Stendhal (1783–1842)

⁎

Das Glück der Liebe

Stendhal (1783–1842)

In den Halleiner Salzbergwerken bei Salzburg werfen die Bergleute in die verlassenen Gruben des Werkes einen vom Winter entblätterten Baumzweig. Zwei oder drei Monate später finden sie ihn durch die Einwirkung des salzhaltigen Wassers, das auf ihn herabtropft und Niederschläge hinterlässt, über und über bedeckt mit glitzernden Kristallen. Die kleinsten Ästchen, nicht größer als die

Krallen einer Meise, sind von einer Unzahl von winzigen, hell funkelnden, bröckligen Kristallen überzogen. Den eigentlichen Zweig kann man nicht mehr erkennen. Wenn schöner Sonnenschein und völlig trockenes Wetter ist, so verfehlen die Halleiner Bergleute nicht, den Fremden, die sich zur Einfahrt in das Bergwerk rüsten, solche Diamantenzweige anzubieten. So eine Einfahrt ist eine eigenartige Unternehmung. Man setzt sich rittlings auf mächtige Fichtenbalken, die in schräger Linie aneinandergereiht sind. Diese Balken sind sehr stark, und der Umstand, dass sie seit einem oder zwei Jahrhunderten zum Reiten gedient haben, hat sie vollständig poliert. Vor dem Sitz, den man eingenommen hat und auf dem man die lang aneinandergereihten Fichtenbalken hinuntergleitet, sitzt ein Bergmann auf seinem Rutschleder und rutscht vor einem in die Tiefe hinab. Das hat den Zweck, zu verhindern, dass man allzu schnell hinuntersaust. Ehe diese Eilfahrt angetreten wird, veranlassen die Bergleute die Damen, über ihr Kleid riesige graue Tuchhosen anzuziehen, die ihnen das lächerlichste Aussehen geben.

Ich habe die so malerischen Salzwerke von Hallein im Sommer 18** in Gesellschaft von Frau Gherardi besucht. Eigentlich hatten wir der unerträglichen Glut, unter der wir in Bologna litten, entrinnen und auf dem Sankt Gotthard frische Luft schnappen wollen. In drei Nächten waren wir durch das verpestete Sumpfland von Mantua und über den köstlichen Gardasee gekommen und über Riva, Bozen nach Innsbruck gelangt.

Frau Gherardi fand jene Berge so reizend, dass wir, die wir zu einem Ausflug aufgebrochen waren, schließlich eine richtige Reise unternahmen. Entlang den Ufern des Inns und dann der Salzach kamen wir bis nach Salzburg. Die entzückende Frische jenseits der Alpen, an ihrer Nordseite, der Kontrast zu der Stickluft und dem Staub, den wir in der lombardischen Ebene hinter uns gelassen hatten, gewährte uns mit jedem Morgen neuen Genuss und verführte uns zu immer weiterem Vordringen. In Golling kauften wir uns Alpenjoppen. Oft fanden wir nur unter Schwierigkeiten Nachtquartier und kaum Verpflegung, denn unsere Reisegesellschaft war groß. Aber diese Misslichkeiten, diese Abenteuer machten uns Spaß.

Von Golling kamen wir nach Hallein, ohne von dem Vorhandensein der bereits erwähnten Salzwerke auch nur eine Ahnung zu haben.

Wir fanden eine zahlreiche Gesellschaft von Fremden vor, denen wir uns beigesellten, wir in unseren bäuerischen Joppen, unsere Damen in ihren riesigen Bäuerinnentüchern, mit denen sie sich versehen hatten. Wir gingen nach den Salzwerken ohne die geringste Absicht, einfahren zu wollen. Der Gedanke, sich rittlings auf einen Holzbalken zu setzen, um eine Dreiviertelmiglie zurückzulegen, dünkte uns eigentümlich; wir fürchteten, im Grunde jener hässlichen schwarzen Grube zu ersticken. Frau Gherardi überlegte sich die Sache eine Weile und erklärte, sie für ihre Person wolle einfahren, ohne uns andern irgendwie zuzureden.

Während der Vorbereitungen, die lange währten – denn ehe wir in die tiefe Grube einfuhren, musste man sich etwas zu essen verschaffen –, begnügte ich mich damit, zu beobachten, was im Kopfe eines hübschen hellblonden bayrischen Chevaux-legers-Offiziers vorging. Wir hatten die Bekanntschaft dieses liebenswürdigen jungen Herrn, der französisch sprach und uns im Verkehr mit den deutschen Landleuten von Hallein sehr nützlich war, erst jüngst gemacht. Der junge Offizier war ein bildschöner Mann, aber durchaus kein fader Geck, im Gegenteil, offenbar ein gescheiter Mensch. Das war eine Entdeckung, die Frau Gherardi machte. Ich bemerkte, dass sich der Offizier sichtlich in die reizende Italienerin verliebte, der der Gedanke, in ein Bergwerk einfahren und binnen Kurzem fünfhundert Fuß unter der Erde sein zu sollen, ein tolles Vergnügen bereitete. Frau Gherardi, bald völlig im Banne der Schönheit der unterirdischen Gänge und langen Stollen und der überwundenen Schwierigkeit, war himmelweit entfernt von dem Gedanken, jemandem gefallen zu wollen, geschweige denn, von irgendwem auf der Welt entzückt zu sein. Umso mehr überraschten mich die wunderlichen Geständnisse, die mir der bayrische Offizier machte, ohne es zu ahnen. Er berauschte sich an dem himmlischen Wesen mit einem Engelsgesichte, das mit ihm an ein und demselben Tisch saß, in einer kleinen Alpenherberge, im Dämmerlichte winziger Fenster mit grünen Scheiben, und ich beobachtete, dass er bisweilen sprach, ohne zu wissen, mit wem und was er redete. Ich machte Frau Gherardi darauf aufmerksam, denn dieses Schauspiel, für das wohl keine junge Frau unempfänglich ist, wäre ihr ohne mein Zutun entgangen. Was mich besonders verwunderte, das war die Nuance von Narrheit, die sich im Hirne des Offiziers rastlos mehrte. Unaufhörlich entdeckte er an jenem Weibe meinen Augen unmerkbare Vorzüge. Seine Worte schilderten die Frau, die er zu lieben begann, in immer mehr idealisierender Weise. Ich sagte mir: „Die Ghita ist offenbar nur der Angelpunkt aller der entzückten Schwärmereien des armen Deutschen.“ Einmal unterfing er sich, die Hand der Frau Gherardi zu streicheln, die durch eine kleine Narbe – sie hatte als kleines Mädchen die Blattern gehabt – in sehr störender Weise entstellt und dazu recht braun verbrannt war.

„Wie erklären sich meine Beobachtungen?“, fragte ich mich. „Wo finde ich ein Gleichnis, das mir meine Gedanken klarer macht?“

In diesem Augenblick spielte Frau Gherardi mit dem hübschen kristallbedeckten Zweig, den ihr eben ein Bergmann gegeben hatte. Es war prächtiger Sonnenschein – wir hatten den 3. August – und die kleinen Salzkristalle funkelten so schön wie die herrlichsten Brillanten im Lichtmeer eines Ballsaales. Der bayrische Offizier, dem ein noch wunderbarer glitzernder Zweig zuteil geworden war, bat Frau Gherardi, die Zweige zu tauschen. Sie willigte ein. Als er ihren Zweig bekommen hatte, drückte er ihn mit einer so spaßigen Geste an sein Herz, dass alle Italiener nicht umhin konnten, zu lachen. In seiner Verwirrung richtete der Offizier an Frau Gherardi die überschwänglichsten und einfältigsten Komplimente. Da ich ihn unter meinen Schutz genommen hatte, bemühte ich mich, das Törichte dieser Schmeicheleien zu beschönigen. Ich sagte zu der Ghita: „Der Eindruck, den auf diesen jungen Mann da der Adel Ihres italienischen Gesichts macht und Ihre Augen, wie er ähnliche nie gesehen hat, diese Wirkung gleicht ganz und gar derjenigen, die Kristallbildung auf den kleinen Buchenzweig da in Ihrer Hand ausgeübt hat, der

so hübsch aussieht. Die Salzkristalle haben die schwarzen Ästchen des Zweiges mit so vielen und so hell funkelnden Diamanten überzogen, dass man nur an ganz wenigen Stellen den Zweig so sehen kann, wie er wirklich ist."
„Gut! Was wollen Sie daraus schließen?", fragte Frau Gherardi.
„Dass der Zweig da ein treues Ebenbild der Ghita ist, so wie sie in der Fantasie des jungen Offiziers da erscheint."
„Damit wollen Sie sagen, mein Herr, dass Sie einen ebenso großen Unterschied bemerkt haben zwischen der Ghita, die ich in Wirklichkeit bin, und jener, die der liebenswürdige junge Offizier da in mir sieht, wie zwischen einem kleinen verdorrten Buchenast und diesem hübschen Brillantenzweig, den mir einer der Bergleute gegeben hat."
„Gnädige Frau, der junge Offizier entdeckt an Ihnen Eigenschaften, die wir, Ihre alten Freunde, niemals wahrgenommen haben. Beispielsweise sind wir nicht imstande, ein Antlitz voll zärtlicher Güte und voll Mitleid zu bemerken. Da jener junge Mann ein Deutscher ist, so ist in seinen Augen die Haupteigenschaft einer Frau die Güte – und flugs nimmt er in Ihren Zügen den Ausdruck der Güte wahr. Wäre er Engländer, so sähe er an Ihnen die Hoheit und das Ladylike einer Herzogin. Und wär' er ich, so sähe er Sie so wie ich, dem – zu meinem Unglück – seit Langem keine größere Verführerin vorgekommen ist."
„Famos, ich verstehe", meinte Ghita, „im Augenblick, wo man anfängt, sich mit einer Frau zu beschäftigen, sieht man sie nicht mehr so, wie sie wirklich ist, sondern so, wie man sie haben möchte. Sie vergleichen die lieblichen Illusionen, die das beginnende Interesse schafft, mit diesen

hübschen Kristallen, die den winterdürren Buchenzweig überdecken. Und sehr trefflich bemerken Sie, dass jene Illusionen nur in den Augen des verliebten jungen Mannes vorhanden sind."
„So ist es", fuhr ich fort, „darum erscheinen die Reden Verliebter vernünftigen Leuten so lächerlich, die das Wunder der Kristallbildung nicht begreifen."
„Aha. Das nennen Sie also Kristallbildung!", sagte Ghita. „Wohlan, bilden Sie um mich Kristalle!"
Dieses vielleicht wunderliche Gleichnis machte auf die Fantasie der Frau Gherardi einen tiefen Eindruck, und als wir in der Hauptgrotte des Werkes anlangten, die von hundert kleinen Lampen erleuchtet wird, die wie zehntausend Lichter aussehen, weil sie von den Salzkristallen auf allen Seiten widergespiegelt werden, da sagte sie zu dem jungen Deutschen: „Ach, ist das wunderschön! Ich bilde um diese Grotte Kristalle und ich fühle, wie mich ihre Schönheit begeistert. Und Sie, bilden Sie auch Kristalle?"
„Ja, gnädige Frau", erwiderte der junge Offizier schlicht, entzückt, mit der schönen Italienerin eine Empfindung gemeinsam zu haben; im Übrigen verstand er gar nicht, was sie meinte. Wir mussten über seine naive Antwort lachen, dass uns die Tränen in die Augen kamen, zumal da Ghitas Liebhaber, ein Trottel, darob ernstlich eifersüchtig auf den bayrischen Offizier wurde. Er hielt das Wort „Kristallbildung" für etwas Grässliches.
Beim Verlassen des Halleiner Werkes erfuhr mein neuer Freund, der junge Offizier, dessen unfreiwillige Bekenntnisse mich mehr interessiert hatten als alle Einzelheiten der Salzgewinnung, von mir, dass sich Frau Gherardi

Ghita nannte und dass man nach italienischer Sitte in ihrer Gegenwart „die Ghita" sagte. Der arme Junge riskierte es unter Zittern und Zagen, „die Ghita" zu sagen, und Frau Gherardi, die sich über das schüchtern-leidenschaftliche Gebaren des jungen Mannes ebenso belustigte wie über die höchlichst ergrimmten Mienen eines gewissen anderen, lud den Offizier für den nächsten Tag ein zum Frühstück, kurz vor unserer Rückreise nach Italien. Als er sich entfernt hatte, hub der ergrimmte andere an: „Nun erklären Sie mir mal, meine teure Freundin, wozu bürden Sie uns die Gesellschaft dieses blonden Gecken mit seinen Glotzaugen auf?"

„Mein Herr, weil Sie nach zehntägiger Reise, bei der Sie von Früh bis Abend mit mir zusammen sind, mich so sehen, wie ich wirklich bin, während mich jene innig-zärtlichen Augen, die Sie Glotzaugen benamsen, idealisiert sehen. Ist es nicht so, Filippo", fügte sie mit einem Blick auf mich hinzu. „Jene Augen umkleiden mich mit einer glänzenden Kristallhülle. Ich bin für sie die Vollkommenheit, und das Wunderbarste dabei ist: was ich auch tue und wenn ich mal die größte Dummheit sage, den Augen dieses schönen Deutschen gehe ich meiner Vollkommenheit nie verlustig. Sie zum Beispiel, Sie, Annibaline" – der Liebhaber, den wir ein wenig für trottelhaft hielten, hieß Oberst Annibale – „ich wette, Sie finden mich in diesem Augenblicke ganz und gar nicht vollkommen? Sie denken, es sei schlecht von mir, dass ich diesen jungen Mann in unseren Kreis ziehe. Wissen Sie, was mit Ihnen ist, mein Lieber? Sie bilden keine Kristalle mehr um mich!"

Das Wort „Kristallbildung" ward unter uns Mode, und es nahm die Fantasie der schönen Ghita so in Anspruch, dass sie es auf alles anwandte. Wieder in Bologna, richtete sie bei jedem Liebesabenteuer, das in ihrer Loge bekrittelt wurde, das Wort an mich. „Dieser Zug spricht für oder gegen unsre Theorien", pflegte sie zu mir zu sagen. Das Wort Kristallbildung, das wir so oft gebrauchten, erinnerte uns immer an unsre nette Reise. Nie in meinem Leben habe ich die rührende, einsame Schönheit der Gestade des Gardasees so tief empfunden. Wir verbrachten in der Barke köstliche Abende, trotz der schwülen Hitze. Wir verlebten Stunden, die man nimmer vergisst: leuchtende Jugendtage.

Eines Abends überbrachte uns irgendwer die Neuigkeit, dass sich die Principessa Lanfranchi und die schöne Florenza das Herz des jungen Malers Oldofredi einander streitig machten. Die arme Fürstin war offenbar bis über die Ohren verliebt, aber der junge Mailänder Künstler schien nur für Florenzas Reize Augen zu haben. Man fragte sich: „Ist Oldofredi verliebt?" Ich weiß nicht, warum sich unsre Eigenliebe an jenem Abend darauf versteifte, zu erraten, ob der mailändische Maler in die schöne Florenza verliebt sei. Man erschöpfte sich in der Erörterung einer Unzahl kleiner Vorkommnisse. Als wir müde wurden, unsere Aufmerksamkeit auf fast unmerkliche Nuancen zu richten, die im Grunde gar nicht mal unbestreitbar waren, begann Frau Gherardi uns den kleinen Roman zu erzählen, der sich ihrer Meinung nach im Herzen Oldofredis zugetragen hatte. Gleich zu Beginn ihres Vortrags bediente sie sich unglücklicherweise des Wortes „Kristallbildung". Der Oberst Annibale, dem das hübsche Gesicht des bayrischen Offiziers immer noch Herzdrücken verursachte, meinte laut, er begriffe das nicht, und fragte zum hundertsten Male, was wir unter dem Ausdrucke „Kristallbildung“ verstünden. „Etwas, was ich für Sie nicht habe“, erwiderte ihm Frau Gherardi lebhaft. Und ohne sich weiter um ihn zu kümmern, wandte sie sich an uns übrige. „Ich glaube“, sagte sie, „ein Mann beginnt zu lieben, wenn ich ihn trübsinnig sehe.“ Wir erhoben sofort Einspruch dagegen. „Was? Die Liebe, diese köstliche Empfindung, die so schön beginnt ...“ – „Jawohl“, unterbrach uns Frau Gherardi lachend, und mit einem Blicke auf Annibale, „und die bisweilen so garstig endet, mit schlechter Laune und Zank. Ich verstehe Ihre Einsprüche. Den meisten Männern, groben Naturen, ist Liebe Liebe: man liebt oder man liebt nicht. Ebenso bildet sich der große Haufe ein, der Gesang aller Nachtigallen gliche sich untereinander, aber wir, die wir ihnen mit Lust lauschen, wir wissen, dass es zwischen Nachtigall und Nachtigall doch zehn verschiedene Spielarten gibt.“ – „Gnädige Frau“, warf jemand ein, „es scheint mir doch, entweder liebt man oder man liebt nicht.“ – „Keineswegs, mein Herr, dann könnten Sie ebenso gut sagen: ein Mann, der Bologna verlässt, um nach Rom zu laufen, sei schon an den Toren Roms, wenn er oben vom Apennin noch unsere Torre Garisenda sieht. Es ist weit von einer dieser beiden Städte zur anderen, und man kann ein Viertel, die Hälfte, drei Viertel zurückgelegt haben und ist darum immer noch nicht in Rom, wenn auch nicht mehr in Bologna.“ – „Bei diesem trefflichen Vergleich“, sagte ich, „bedeutet Bologna offenbar die Gleichgültigkeit und Rom die höchste Liebe.“ – „Wenn wir in Bologna sind“, fuhr Frau Gherardi fort, „sind wir ganz und gar indifferent, wir denken nicht daran, die Frau, in die wir eines Tages vielleicht toll verliebt sein werden, in besonderer Weise zu verehren. Und noch weniger denkt unsre Fantasie daran, ihren Wert zu überschätzen. Kurz und gut, wie wir in Hallein zu sagen pflegten, die Kristallbildung hat noch nicht begonnen."

Bei diesen Worten erhob sich Annibale voller Wut und verließ die Loge, indem er sagte: „Ich werde wiederkommen, wenn Sie italienisch sprechen." Alsbald wurde die Unterhaltung in französischer Sprache geführt, und alle Welt lachte, selbst Frau Gherardi. „Meinetwegen. Die Liebe ist also weggegangen", meinte sie, „und man lacht noch. Man verlässt Bologna, erklimmt den Apennin und wandert die Straße nach Rom ..." – „Aber gnädige Frau", wandte wieder einer ein, „wir sind recht weit abgekommen vom Maler Oldofredi." Das machte sie ein wenig ungeduldig, und offenbar vergaß sie nun gänzlich den Annibale und seinen brüsken Weggang. „Wollen Sie wissen", entgegnete sie, „was sich ereignet, wenn man Bologna verlässt? Zunächst, glaube ich, ist diese Abreise völlig unfreiwillig; es ist eine instinktive Bewegung. Ich kann nicht sagen, ob sie von großem Genuss begleitet wird. Man bewundert, dann sagt man sich: ‚Welche Lust, von dieser reizenden Frau geliebt zu werden!' Endlich taucht die Hoffnung auf. Nach der Hoffnung, die man häufig recht leicht fasst, denn man zweifelt an nichts bei nur ein wenig Feuer im Blute – nach der Hoffnung, sage ich, überschätzt man mit Gefühlen der Wonne die Schönheit und die Vorzüge der Frau, von der man geliebt zu werden hofft ..."

Während Frau Gherardi sprach, nahm ich eine Spielkarte, schrieb auf ihre Rückseite auf den einen Rand „Rom", auf den anderen „Bologna" und zeichnete zwischen Bologna und Rom vier Etappen, wie Frau Gherardi eben solche aufgezählt hatte:

1. die Bewunderung,
2. man erreicht den Punkt der Straße, wo man sich sagt: Welche Lust, von dieser reizenden Frau geliebt zu werden,
3. die Entstehung der Hoffnung bezeichnet die dritte Etappe,
4. man erreicht die vierte, sobald man mit Gefühlen der Wonne die Schönheit und die Vorzüge der geliebten Frau überschätzt. Das ist eben das, was wir Adepten „Kristallbildung" nennen und wovor der Karthager Reißaus machte. In der Tat, schwierig zu begreifen ist's.

Frau Gherardi fuhr fort: „Während dieser vier Seelenvorgänge oder Zustände, die Filippo eben krokiert hat, ersehe ich nicht den geringsten Grund dafür, dass unser Wandersmann trübselig sein sollte. Tatsächlich ist der Genuss so rege, dass er alle Aufmerksamkeit, deren die Seele fähig ist, in Anspruch nimmt. Man ist ernst, aber durchaus nicht traurig. Das ist ein großer Unterschied." – „Wir verstehen, gnädige Frau", sagte einer der Zuhörer, „Sie erwähnen gar nicht jene Unglücklichen, für die alle Nachtigallen ein und dieselbe Stimme haben." – „Der Unterschied zwischen ernst und traurig sein (l'esser serio e l'esser mesto)", fuhr Frau Gherardi fort, „ist entscheidend, wenn es sich darum handelt, ein Problem zu lösen wie das: Liebt Oldofredi die schöne Florenza? Ich glaube, Oldofredi liebt, weil er, nachdem er lange in Florenzas Gesellschaft gewesen war, traurig und nicht bloß ernst aussah. Er ist trübsinnig, weil er auf folgendem Punkte angelangt ist. Nachdem er das Glück überschätzt hatte, das ihm durch das raffaelitische Gesicht, die wunderschönen Schultern, die herrlichen Arme, mit einem Worte, die eines Canova würdigen Formen der schönen Marchesina Florenza verheißen ward, hat er augenscheinlich von ihr die Erfüllung seiner kühnsten Hoffnungen zu erlangen gesucht. Sehr wahrscheinlich hat nun die Florenza, erschreckt, einen Fremdling zu lieben, der jeden Augenblick Bologna wieder verlassen kann, und vor allem darüber sehr empört, dass er imstande war, so schnell Hoffnungen zu hegen, ihn dieser Hoffnungen auf barbarische Weise beraubt."

Wir hatten das Glück, Frau Gherardi Tag für Tag zu sehen; in jenem Gesellschaftskreise herrschte eine vollendete Vertrautheit, man verstand sich auf das Wort. Oft habe ich da über Scherze lachen sehen, die der Einkleidung in Worte gar nicht erst bedurften: ein Blick der Augen sagte alles. Die hübsche Italienerin ließ voll Übermut allen den bizarren Einfällen freien Lauf, die ihr in den Kopf kamen. In Rom, Bologna, Venedig sind hübsche Frauen absolute Königinnen, und es gibt keinen größeren Despotismus als den, den sie auf die Gesellschaft ausüben. In Paris hat eine hübsche Frau beständig Angst vor der öffentlichen Meinung und ihrem Henkersknecht: dem Lächerlichen. Unaufhörlich hegt sie im Grunde ihres Herzens die Furcht vor Witzeleien, just wie ein absoluter Herrscher vor der Verfassung. Das ist der heimliche Gedanke, der ihr die Freude an allen Vergnügungen trübt und sie plötzlich ernst aussehen lässt. Eine Italienerin fände jene begrenzte Herrschaft, die eine Pariserin in ihrem Salon ausübt, lächerlich. Sie ist buchstäblich allmächtig über die Männer, die sich ihr nähern und deren Glück, wenigstens an den geselligen Abenden, von einer ihrer Launen abhängt.

Wenn man der Dame missfällt, die in einer Loge Herrscherin ist, wenn man ihr die Ungnade an den Augen absieht, dann kann man nichts Besseres tun, als für diesen Abend zu verschwinden.
Eines Tages ritt ich mit Frau Gherardi den Weg vom Fall des Reno spazieren, da begegneten wir Oldofredi. Er war allein, sehr in Wallung, er sah versonnen aus, aber durchaus nicht sorgenvoll. Frau Gherardi redete ihn an und plauderte mit ihm, um ihn genauer ansehen zu können. „Wenn mich nicht alles täuscht", sagte ich hinterher zu Frau Gherardi, „so ist dieser arme Oldofredi seiner Leidenschaft gänzlich verfallen, die er für die Florenza gefasst hat. Sagen Sie mir gütigst, mir, der ich Ihr Vasall bin, an welchem Punkte der Liebeskrankheit glauben Sie, dass er jetzt angelangt ist?" – „Ich sehe", gab sie mir zur Antwort, „er geht einsam spazieren. Alle Augenblicke sagt er sich: Gewiss, sie liebt mich. Dann beschäftigt er sich damit, neue Reize an der Geliebten zu entdecken, neue Gründe zur tollsten Verliebtheit zu ergrübeln." – „Ich halte ihn nicht für so glücklich, wie Sie vermuten. Oldofredi muss oft grausame Qualen erleiden. Er kann nicht so sicher sein, dass ihn die Florenza liebe. Er weiß nicht wie wir, in welchem Maße bei derlei Dingen Reichtum, Stand, weltmännische Manieren in die Waagschale fallen. Oldofredi ist ein netter Mensch, zugestanden, aber er ist nur ein armer Fremdling." – „Was tut das", meinte Frau Gherardi, „ich möchte wetten, er ist auf einem Punkte, wo die Gründe zur Hoffnung triumphieren." – „Dazu sah er allzu verstört aus", erwiderte ich, „er muss Momente grässlichen Unglücks haben. Er sagt sich: Aber liebt sie

mich denn?“ – „Ich gebe zu“, sagte Frau Gherardi, indem sie wohl vergaß, dass sie mit mir redete, gleichsam als ob die sich selbst gegebene Antwort genüge, „es gibt Augenblicke himmlischen Glückes, Augenblicke, denen nichts in der ganzen Welt gleichkommt. Sie sind das Schönste am Leben. Endlich, wenn die Seele, ermüdet und gleichsam übermannt von so heftigen Empfindungen, aus Mattigkeit wieder zur Vernunft kommt, dann gewinnt nach so wechselvollen Wallungen folgende Gewissheit die Oberhand: Ich finde in ihrer Nähe ein Glück, wie es mir nur sie allein auf Erden gewähren kann.“

Ich hielt mein Pferd nach und nach mehr ab von dem der Frau Gherardi. Die drei Miglien, die uns von Bologna trennten, ritten wir, ohne ein einziges Wort zu reden, indem wir die Tugend, Diskretion genannt, übten.

*

Glück der Entfernung

Johann Wolfgang von Goethe (1749–1832)

(1. Fassung)
Trink', o Jüngling! heilges Glücke
Taglang aus der Liebsten Blicke;
Abends gaukl' ihr Bild dich ein.
Kein Verliebter hab' es besser;
Doch das Glück bleibt immer größer,
Fern von der Geliebten sein.

Ew'ge Kräfte, Zeit und Ferne,
Heimlich wie die Kraft der Sterne,
Wiegen dieses Blut zur Ruh.
Mein Gefühl wird stets erweichter;
Doch mein Herz wird täglich leichter,
Und mein Glück nimmt immer zu.

Nirgends kann ich sie vergessen;
Und doch kann ich ruhig essen,
Heiter ist mein Geist und frei;
Und unmerkliche Betörung
Macht die Liebe zur Verehrung,
Die Begier zur Schwärmerei.

Aufgezogen durch die Sonne,
Schwimmt im Hauch äther'scher Wonne
So das leichtste Wölkchen nie,
Wie mein Herz in Ruh und Freude.
Frei von Furcht, zu groß zum Neide,
Lieb' ich, ewig lieb' ich sie!

(2. Fassung)

Es schlug mein Herz; geschwind zu Pferde!
Es war getan fast eh' gedacht;
Der Abend wiegte schon die Erde,
Und an den Bergen hing die Nacht:
Schon stand im Nebelkleid die Eiche,
Ein aufgetürmter Riese, da,
Wo Finsternis aus dem Gesträuche
Mit hundert schwarzen Augen sah.

Der Mond von einem Wolkenhügel
Sah kläglich aus dem Duft hervor,
Die Winde schwangen leise Flügel,
Umsausten schauerlich mein Ohr;
Die Nacht schuf tausend Ungeheuer;
Doch frisch und fröhlich war mein Mut:
In meinen Adern welches Feuer!
In meinem Herzen welche Glut!

Dich sah ich, und die milde Freude
Floss von dem süßen Blick auf mich;
Ganz war mein Herz an deiner Seite,
Und jeder Atemzug für dich.
Ein rosenfarbnes Frühlingswetter
Umgab das liebliche Gesicht,
Und Zärtlichkeit für mich – Ihr Götter!
Ich hofft' es, ich verdient' es nicht!

Doch ach! schon mit der Morgensonne
Verengt der Abschied mir das Herz:
In deinen Küssen, welche Wonne!
In deinem Auge, welcher Schmerz!
Ich ging, du standst und sahst zur Erden,
Und sahst mir nach mit nassem Blick:
Und doch, welch Glück, geliebt zu werden!
Und lieben, Götter, welch ein Glück!

Wie ich den Vater kennenlernte

Franz Braumann (1910 –2003)

Wie ich den Vater kennenlernte? Vielleicht meint ihr, davon wäre doch kein Aufhebens zu machen. Vater und Mutter, die sind in der Welt schon da, wenn das Kind zum ersten Mal die Augen aufmacht – ja sind ihm lange Zeit die Welt selber! Mit der Mutter ist es gewiss immer so. Sie ist ohne Frage schon immer vertraut; und bis wir allmählich zu Verstand und eigenem Urteil kommen, steht ihr Bild schon fest und unverrückbar vor unserer Seele.
Aber mit meinem Vater ist es mir doch ganz anders ergangen! Der Vater schien uns Kindern schon von jeher mehr zum Achten und Respektieren da zu sein als zum unmittelbaren Liebhaben. Er arbeitete immer schwer und hart vom Morgen bis zum Abend. Ja, eigentlich konnte ich mir den Vater gar nicht anders als immer arbeitend und schaffend vorstellen. Die stete Mühe und die Einsamkeit der weiten Bauernlandschaft formten an ihm sein ganzes Leben lang. Da trat eines Tages ein Ereignis ein, welches so tief in mein junges Bubenherz wirkte, dass ich auf einen Schlag plötzlich wie hinter jäh zurückgezogenen Schleiern meinen wirklichen Vater erkannte.

Mein bäuerliches Elternhaus stand uralt und sonnenbraun ganz aus Holz erbaut auf einer kleinen Bodenwelle über flachen Wiesen und dem weit bis zum See hingestreckten Moor. In den eichenen Türstock des Hauses stand die Jahreszahl 1717 eingeschnitten.

Einst mochte die Landschaft meiner Heimat völlig einsam gewesen sein. Doch bereits in meiner Kinderzeit schnitt zwischen Wiesen und Moor ein hoher, buschbewachsener Bahndamm hindurch, und zwischen blühenden Wiesen und dem strohgelben Schimmer des reifenden Korns rollten schon damals die Güter- und Expresszüge als Boten einer fernen, betriebsamen Welt vorbei, die mir zu jener Zeit meiner Kindheit noch völlig rätselhaft und außerhalb meines Lebenskreises bleiben musste.
Jenseits des Bahndammes lagen nur noch einige schmale Wiesenstreifen und daran schloss sich das weite Moor mit seinen niedrigen Büschen, dem Brombeergestrüpp und seinen Schlangennestern an. Unscharf ging das Moor dann in Schilfdickicht und den langhin unbewohnten See über. Die Wohnstätten der Menschen lagen allesamt hinter unserem Dorf, wo das Bauernland allmählich anstieg und den Einschichthöfen und Dörfern genug Raum zum Ausbreiten gab. Dort hinauf musste auch ich gehen, um mir als Kind das erste Schulwissen zu holen.

Damals in meinen ersten Schuljahren stand ich oft völlig fassungslos der überquellenden Buchstabenwelt der Bücher gegenüber. Fassungslos verfiel ich auch dem Lesen mancher Bücher; und dass ich dabei Zeit und Umgebung um mich vergaß, war wohl noch das geringste Übel. Denn zuweilen ging ich auch noch, wenn ich ein Buch schon längst zu Ende gelesen hatte, tagelang verstört wie in einer anderen Welt herum, sodass mein Vater einmal brummend zu mir sagte: „Ja, Bub, wenn du so weitertust, kann dich einmal kein Bauer als Knecht brauchen!"

In jenen Zeiten kränkte mich dieses Wort sehr. Es erschien mir damals wie eine düstere Prophezeiung. Heute aber muss ich dem Vater recht geben – denn an einen Knecht werden wohl ganz andere Anforderungen gestellt als die: Bücher zu lesen und bei jeder Arbeit mit abwesendem Geist zu träumen!

Doch trotz allen Abmahnens nahm ich heimlich und verstohlen auch weiterhin zu mancher Beschäftigung etwas Lesbares mit – in der Hoffnung, hin und wieder ein Viertelstündchen für mich und mein Buch allein zu haben.

In der Zeit des Herbstes war es in meiner Heimat Brauch, das tägliche Grünfutter nicht mehr zu den Kühen in den Stall zu bringen, sondern sie hinaus auf die Wiesen zu treiben und sie dort selbst ihr Futter abweiden zu lassen. Da aber bei uns daheim die Grundstücke der Bauern lustig durcheinandergemischt waren, musste jemand aus unserem Hof als Hüter der Rinder aufgestellt werden.

Dass ich zu dieser Arbeit gern bereit war, kann man sich ja vorstellen: Denn dabei waren die Hände frei von Sense, Rechen und Gabel. Man brauchte nur mit offenen Augen darauf zu achten, dass kein Rind die elterliche Wiese verließ und auf des Nachbarn Grund hinüberwechselte. Und mir kam eine solche Beschäftigung wie gerufen – konnte ich doch dabei lesen und wieder lesen. Wenn ich nur hie und da aufschaute und mit raschem Blick meine Herde zählte, musste dies völlig genug der Arbeit sein!

So saß ich auch wieder einmal eines warmen Herbstnachmittages jenseits des hohen Bahndammes über der letzten Wiese vor dem Moor auf einem Steinhaufen und

hütete unsere Rinderschar. Gegen die Sicht von daheim war ich durch den hohen Bahndamm geschützt, und die Kühe weideten so friedlich, wie ich es immer gewohnt war. Und vor mir hatte ich leicht zu hüten. Denn jenseits des schmalen Grabens gab es auf dem schwankenden Moor voll blühendem Heidekraut kaum ein saftiges Büschel Gras, das die Kühe hätte hinüberlocken können. Weiter draußen aber am Rande des weiten Moores schimmerte über dem schmalen Streifen Schilf nur der spiegelglatte, weite See. Tief und tiefer ließ ich mich hineinsinken in das Geschehen meines Buches, das aufgeschlagen auf meinen bloßen Knien lag. Auf dem Damm hinter mir brauste ein dröhnender Schnellzug vorüber – ich schenkte ihm keinen Blick und nahm ihn nur unbewusst wahr, weil der moorige Wiesenboden, auf dem ich saß, auch noch leicht schütternd mitschwang.
Als der Zug um eine Kehre hinter dem Wald verschwunden war, sank von Neuem wieder eine Stille herab. Umso lauter aber erfüllte sich beim Lesen meine Fantasiewelt mit klirrendem Waffenlärm. Da war ein edler Ritter nach harter Belagerung in die Burg des Raubritters eingedrungen und hatte ihn zum Zweikampf gestellt. Hieb klirrte auf Hieb, und als der Bösewicht vom letzten Streich getroffen niedersank, verhüllte sogar der nächtliche Mond seinen Schimmer. Immer noch spann sich die Geschichte weiter, bis ein glückliches Ende erzwungen war und der Gute den Sieg über den Bösen errungen hatte.

Als die letzte Seite des Buches ausgelesen war, hob ich mit einem tiefen, erlösten Aufatmen den Kopf und ließ meine

Augen wie traumverloren über die Wiese vor dem Moor schweifen. Erst allmählich kam mir das Bewusstsein, dass mir darauf etwas fehlte. Ich saß wohl noch da auf dem Stein – doch die Kühe sah ich nicht mehr um mich! Ja – Himmel! Hatten sie sich schon satt gefressen und waren ohne mich heimgetrottet? Der hohe Bahndamm hatte einige hundert Schritte weiter vorne einen Durchlass für die Straße. Ich sprang rasch an dem Damm empor, um auch jenseits die Straße bis zu dem kleinen Dorf überblicken zu können. Doch auch dort drüben entdeckte ich die Kühe nicht. Fassungslos drehte ich mich um und suchte von der Höhe des Bahndammes auch noch einmal die Weite des Torfmoores ab.

Und da schnitt mir auf einmal ein jäher Stich durch das Herz: Dort draußen, schon fast vor dem Rande des Moores gegen den See hin, sah ich die letzten Rinder dahinstürmen – den Schwanz hoch über den Rücken geschwungen; ein Zeichen, dass sie in einem wilden Lauf begriffen waren. Die vorderen Rinder drangen schon in das hohe Schilfröhricht hinein. Dahinter aber gleißte träge und höhnisch der Unheil verkündende, tiefe See!
Im nächsten Augenblick rannte ich schon barfuß wie auf Windesflügeln über die Wiese dahin. Von hier unten konnte ich keines der flüchtenden Rinder mehr sehen – nur die Richtung hatte ich mir gut gemerkt. Im jagenden Laufen überstürzten sich alle meine Schreckensgedanken: Nach diesem schwülen, warmen Tag hatte wohl der Durst die Kühe dem See zugetrieben. Sicherlich konnten sie nicht schwimmen – wo hätten sie das auch hergehabt, die doch

ihr ganzes Leben lang im Bauernstall an die Ketten gehängt standen! Wenn sie nun aber durstig durch das Schilf in den See hineinplanschten, wenn der Seegrund vielleicht plötzlich tief hinabsank, dann – dann musste eine nach der anderen ertrinken! Und ich würde allein daran schuld sein! Ich stürzte in die größte Angst meiner Jugend hinein. Ich achtete nicht auf die Brombeerranken, die mit ihren Stacheln meine nackten Waden blutig rissen – ich rannte nur keuchend und heimlich weinend dahin.
Doch bis ich draußen atemlos vor dem hohen Schilf stand, waren alle meine Rinder schon in dem hohen Röhricht untergetaucht. Ich rief, lockte und drohte – vergebens! Ich wollte hinter ihnen auf der breit getretenen Spur hineinwaten – doch damit trieb ich sie vielleicht noch weiter hinein gegen das tiefe Wasser.

Kaum fünfzig Schritte neben mir mündete ein breiter Moorgraben in den See. Sein Wasser hatte feinsten Moorschlamm in den See geschwemmt, der nun wie eine Landzunge in den See hinausgriff. Dort fehlte auch das Schilf, und die braune Kruste auf dem Wasser schien leidlich tragfähig zu sein. Wie wäre es, wenn ich dort drüben weiter in den See hinauslief und den Kühen den Weg in das tiefe Wasser vielleicht abschneiden konnte?
Ich fühle es noch heute, wie mir bei diesem verwegenen Entschluss der Mund zu beben begann – denn schwimmen konnte ich damals auch noch nicht. Als ich dann drüben auf der trockenen Moorkruste stand, fühlte ich mich schon halbwegs wieder sicherer werden. Nur jetzt auch keine Zeit verlieren! Ich lief anfangs und tappte dann, als die Kruste

der Schlammbank durchbrach, hastig gegen das offene Wasser hinaus. Nur wenn ich vor den Kühen draußen vor dem bald tiefer absinkenden See stand, konnte vielleicht noch alles gut werden.
Es sollte jedoch nicht sein. Bald brach ich bis zu den Knien durch die immer feuchtere Kruste und wusste nicht mehr, wie ich die Beine rasch wieder aus dem Schlick lösen konnte. Ich ließ mich nach vorne fallen, um leichter voranzukommen. Und dabei stand ich noch gar nicht wirklich im See, denn erst weiter draußen begann das offene Wasser. Ich hastete keuchend und wühlte mich verzweifelt weiter hinaus. Dabei sank ich mit jedem Ruck tiefer in den Moorschlamm hinein. Aber ich dachte immer noch nicht an eine Gefahr – ich hatte alle Gedanken nur bei den Kühen des Vaters. Wenn ich diese nicht retten konnte – ich, der Hirt, dem sie anvertraut waren –, dann traute ich mich nie mehr nach Hause!

Erst als ich so tief in dem Morast steckte, dass er mir über die Brust heraufstieg, als ich nicht mehr vor oder zurück konnte, da fing ich an zu begreifen, in welch unheimliche Gefahr ich geraten war. Meine Füße fanden immer noch keinen festen Grund – ich fühlte sogar, dass ich langsam – langsam tiefer absank. Und aus dieser zähen, breiigen Tiefe herauf kroch mir eine Eiseskälte bis an das Herz empor. Da fühlte ich zum ersten Mal in meinem Leben einen dunklen Schatten neben mir – den Schatten des Todes.
Ich wusste ja, dass um diese Herbstzeit weitum im Moor bis zum jetzt fernen Dorf hinaus kein Mensch unterwegs war – und wenn mich niemand in meiner Einsamkeit

rufen hörte, bevor der Schlamm über mir zusammenschlug, dann – dann musste ich sterben!
Ich schrie von Neuem, als mir das Wasser schon über die Brust bis gegen das Kinn heraufstieg: „Vater – Vater!" Doch weder die Moorweite noch die Spiegelfläche des Wassers gaben eine Antwort zurück. Da ließ ich mich gegen den Rücken zurücksinken und breitete die Arme aus. Die Tränen liefen mir über die Wangen und schmeckten salzig auf meinen Lippen. Ich begann aus meiner tiefen Not heraus zu beten mit einer Glaubensinbrunst, die ich noch nie gekannt hatte. Und allmählich erfüllte mich eine seltsame, gehobene Ruhe ...
Erst als es drüben im hohen Schilf aufrauschte, dachte ich wieder an die Rinder, die ich nicht sehen konnte und die mir wohl auch schon aus dem Sinn entschwunden waren. „Ich hab' doch versucht, was ich aus meinem Bubenverstand nur tun konnte!", dachte ich. Die Rinder standen mir auf einmal ganz seltsam fern. Jetzt hob ich die Augen und wendete langsam den Kopf gegen das Ufer hin. Ich meinte schon, ganz still geworden zu sein – da gab es jählings wieder dem Herzen einen Ruck: Denn dort drüben tappten die Rinder, eines hinter dem anderen, aus dem Schilf hinaus, schüttelten ihre nassen Flanken und schauten unschlüssig zu mir heraus, als warteten sie darauf, dass ich mein Hirtenamt wieder anträte.
Doch zu dieser Stunde konnte ich es nicht mehr. Da tappten die Rinder langsam über einen Moorweg davon. Ich blickte ihnen nach, bis die letzte Kuh mir aus den Augen entschwand. Noch immer schien ich langsam, langsam tiefer zu sinken. Zuletzt versiegten auch meine Tränen. Ich

schaute zu den Schäferwölkchen empor, die langsam über mich hinwegzogen.

Ich wusste nicht mehr, wie lang ich in dem moorigen Schlamm mit ausgebreiteten Armen gestanden war, als mich ein jäher Ruf in die Wirklichkeit zurückholte: „Ja, Bub, Bub: was tust du dort draußen!"
In dieser Stimme lag ein großes Erschrecken, das mich aus meinem Dahinträumen riss. Dann erst konnte ich stöhnend jubeln: „Vater, Vater – du bist da!"
Ich konnte nur regungslos warten, bis der Vater hinter mir kniete und mich aus den zähen Klammern des Moores zog. Dann erst sah ich es, dass er von der nahen Bohlenbrücke über den Moorkanal die lose darübergelegten Schwellen gerissen und mit ihnen einen schwimmenden Steg gelegt hatte, indem er die hinteren Hölzer immer wieder nach vorne schob, bis er mich erreichen konnte.
Als mich der Vater draußen auf den festen Boden stellen wollte, sank ich zusammen. Vielleicht war ich gelähmt von der Kälte im Leib, vielleicht war es nur die Erschöpfung nach der Angst: Ich lag hilflos zu den Füßen des Vaters. Und da geschah es das erste und einzige Mal, dass ich meinen Vater weinen sah! Aufschluchzend kniete er vor mir hin und rieb meinen Körper trocken und warm. In dieser Stunde lernte ich meinen wirklichen Vater kennen. (...) Ich spürte, wie heiß mir sein Herz entgegenschlug, das sonst immer verborgen blieb hinter Lebensernst und Arbeitsmühe. Ich schlang meine Arme um seinen Hals und drückte mein Gesicht an seine bärtige Wange. Wir hielten lange still, und kein Wort fiel dabei.

Später lud mich der Vater auf seine Schultern und trug mich heim.

Weiter gibt es nicht mehr viel zu erzählen. Dass mich der Vater suchen gegangen war, als die Kühe allein ohne ihren jungen Hirten heimkamen; dass er bald die Rinderspuren über das Moor gesehen hatte, die ihn bis zum See hinaus wiesen – das war leicht zu erraten gewesen.
Wenn ich heute aber zurückschaue auf die so weit hinabgesunkenen Jahre meiner Kindheit – dann weiß ich es, dass tiefer als tausend wohlgesetzte väterliche Worte jene Stunde durch mein ganzes Leben wirkte, da ich in jener wortlosen Erschütterung meinen wahren, wirklichen Vater kennenlernte …

Bringen Reichtum und Macht das Glück?

Glückliche Umstände machen die Herzen übermütig.

Lucius Annaeus Seneca (ca. 4 v. Chr.–65 n. Chr.)

*

Glück besteht aus einem hübschen Bankkonto,
einer guten Köchin und einer tadellosen Verdauung.

Jean-Jacques Rousseau (1712–1778)

*

Das Glück des Lebens besteht nicht darin,
wenig oder keine Schwierigkeiten zu haben,
sondern sie alle siegreich und glorreich zu überwinden.

Carl Hilty (1833–1909)

*

Glücklich der Mensch, glücklich er allein,
der das Heute ganz besitzen kann,
der in sich ruhend sagen kann:
„Das Morgen, sei es noch so schlimm,
ich hab' heut' gelebt."

Horaz (65–8 v. Chr.)

Zwei Dramolette aus „Magazin des Glücks"

(Zwei Annäherungen an das Glück zwischen Himmel und Erde)

Ödön von Horváth (1901–1938)

Erstes Glücks-Such-Dramolett

Personen:

Reithofer, ein arbeitsloser Kellner aus Österreich

Lotte, ein Mädchen mit Beruf aus Berlin

Direktor

Vizedirektor

Prinzessin

Nebenpersonen

1. Bild

Straße vor dem Etablissement – Hauptportal und Eingang für Personal und Lieferanten. Eine Telefonzelle. Autoauffahrt. Reithofer versucht, durch das Öffnen der Autotüren einige Pfennige zu verdienen, geht aber öfters leer aus. Er ist melancholisch und beschäftigt sich mit allerhand Plänen betreffs seiner Zukunft und ist überzeugt, dass wenn seine Garderobe in Ordnung wäre, er noch eine ziemliche Karriere machen könnte.

Nun fährt die Prinzessin vor und wird vor dem Hauptportal groß empfangen. Reithofer öffnete die Türe ihres Wagens, sie schwebte aber nur an ihm vorbei. Trotzdem ist er fasziniert von ihr und versucht nun, nachdem die Prinzessin im Etablissement verschwunden ist, ihr durch das Hauptportal zu folgen, wird aber vom Portier zurückgewiesen.

Jetzt versucht er es bei dem Eingang für Personal und Lieferanten, wird aber dort ebenfalls zurückgewiesen,

und zwar durch Lotte, die in dem Etablissement als Tellerputzerin beschäftigt ist.
Da erscheint ein Herr im Frack im Hauptportal und macht einen etwas unsicheren Eindruck. Er entdeckt Reithofer und bittet ihn, seine Kleidung mit ihm in der Telefonzelle wechseln zu dürfen – es drehe sich um eine Wette. Reithofer willigt natürlich ein, denn er sieht nun die Gelegenheit, mit Hilfe des Fracks das Etablissement betreten zu können.
Es drehte sich aber um keine Wette, sondern: der Herr ist ein internationaler Hochstapler, der soeben einer älteren Dame beim Tanzen die Brillantohrringe aus den Ohren gebissen hat. Die ältere Dame erscheint nun auch höchst erregt im Hauptportal und schreit nach ihren Brillanten und der Polizei, aber der Herr hatte die Telefonzelle in Reithofers Kleidern bereits verlassen.
Auf das Geschrei hin erscheinen die Direktoren des Hauses und das Überfallkommando. Alles wird untersucht – auch die Telefonzelle. Reithofer erscheint nun im Frack und kann unbehelligt und ohne den Schatten jeglichen Verdachtes das Etablissement durch das Hauptportal betreten.

2. Bild

Sitzung der Direktoren des Etablissements

Der Direktor eröffnet die Sitzung mit der Nachricht, dass das Etablissement pleite ist. Nur ein einziger Geldmensch könnte es noch sanieren und dieser Geldmensch ist die Prinzessin. Dann nimmt das Direktorium den Bericht der einzelnen Abteilungsleiter entgegen. (Inzwischen erhält der Direktor auch die Nachricht, dass die Prinzessin das Etablissement bereits feierlich betreten hat.)

Empfang der Prinzessin durch die Direktoren. Die Prinzessin erklärt, dass sie das Etablissement gerne sanieren würde; sie müsste es aber zuerst kennenlernen. Sie hätte die Möglichkeit, unter gleich günstigen Bedingungen einen Krieg zu finanzieren, und sie wisse also nun noch nicht, zu was sie sich entscheiden solle. Der Direktor gibt der Prinzessin als Begleiter den Vizedirektor mit – die Prinzessin rauscht ab und der Direktor bespricht nun mit den Seinen einen groß angelegten Plan, mit dessen Hilfe er die Prinzessin in die richtige Stimmung versetzen möchte, um es mit absoluter Sicherheit zu erreichen, dass sie sein Etablissement irgendeinem Krieg vorzieht. Der Plan besteht darin, die Prinzessin in der Abteilung „Neapel" mit Hilfe des gesamten Personals in eine gefährliche Situation zu bringen, damit der Direktor selbst Gelegenheit hat, als rettender Engel aufzutreten.

3. Bild

Abteilung „Neapel". Im Hintergrund der Vesuv

Der Direktor probiert die Szenen mit dem Personal. Er überprüft auch noch einmal den Vesuv, ob der Ausbruch auch richtig funktioniert. Der Plan besteht darin, den Vesuv ausbrechen zu lassen, um die Prinzessin im letzten Moment aus einer durch das Erdbeben zerstörten Osteria zu retten. Dieser Plan wird gestört durch Reithofer, der der Prinzessin nachgeschlichen ist, dem Direktor zuvorkommt und als rettender Engel auftritt. Die Prinzessin ist erfüllt von Dankbarkeit.

Sehr bald nach ihrem Erwachen aus der Ohnmacht äußert sie Hungergefühle und wünscht mit ihrem Retter

– Reithofer – zu soupieren. Dabei entdeckt sie einen winzigen Schmutzfleck auf ihrem Teller. Sie beschwert sich erregt – Lotte, die Tellerputzerin, wird aus der Küche herbeizitiert und soll die Prinzessin persönlich um Verzeihung bitten. Trotzdem soll sie nun wegen des Schmutzflecks fristlos entlassen werden. Reithofer ergreift aber ihre Partei und die Entlassung wird zurückgenommen. Die Prinzessin ist über das warme Eintreten Reithofers für Lotte indigniert und lässt ihn stehen.
Der Vizedirektor entschließt sich, mal in der Küche richtig nach dem Rechten zu sehen, und zwar inkognito.

4. Bild

In der Küche

Hier wird für alle Nationen gekocht. Die Köche geraten in Streit, da der Inhalt der Töpfe etwas durcheinandergeraten ist und hierdurch die Selbstständigkeit der einzelnen Nationen gefährdet erscheint. Lotte steht nun wieder auf ihrem Platz als Tellerputzerin neben dem Vizedirektor, der sich maskiert und verkleidet hat und ebenfalls als Tellerputzer fungiert. Dabei passiert ihm das Unglück, einen Teller zu zerbrechen. Er wird ernstlich verwarnt (vom Oberkoch), wird dadurch nervös, zerbricht abermals einen Teller, wird fristlos entlassen, gerät in Wut und zerbricht zu Fleiß einen Haufen Teller. Nun soll er verhaftet werden und niemand ergreift seine Partei außer Lotte. Er gibt sich zu erkennen und ist tief gerührt über die menschlichen Qualitäten Lottes und beschließt, ihr zum Dank für diesen Abend so ziemlich jeden Wunsch zu erfüllen. Er kleidet sie elegant und erfüllt ihren Wunsch, mit ihr nach Amerika zu reisen.

5. Bild

Nachtklub in Amerika.

Im Parterre Sporthalle, im 1. Stock Tanzgelegenheit

Der Direktor inszeniert seinen neuen Plan betreffs der Prinzessin (denn es ist ihm bereits seit Anfang bekannt, dass die Prinzessin an einer außerordentlichen Todesfurcht leidet). Er beschließt, einen Raubüberfall markieren zu lassen. Mit ihm wieder als rettenden Engel. Aber auch diese Sache missglückt ihm abermals durch Reithofer, der der Prinzessin nachläuft und ständig eine Aussprache mit ihr wegen des Vorfalles in Neapel sucht. Die Prinzessin will aber nichts mehr von ihm wissen. Trotz ihrer Errettung.
In diesem Nachtklub taucht auch der Vizedirektor mit Lotte auf. Lotte erkennt Reithofer, lässt den Vizedirektor, der sich immer wieder kosmetisch behandeln lässt, stehen und läuft nun Reithofer nach, der eigentlich nichts von ihr wissen will.

6. Bild

Südsee

Zum letzten Mal versucht nun der bereits leise verzweifelte Direktor, seinen Plan zu realisieren. Die Prinzessin wird nun von Menschenfressern überfallen, gefangen genommen und soll nun gemästet und verzehrt werden. Aber wieder erscheint Reithofer und rettet sie. Die Prinzessin ist gerührt und söhnt sich mit Reithofer wieder aus und vergisst alles, was zwischen ihnen geschehen ist. Der Direktor, wütend. Reithofer schlägt nun der Prinzessin vor, mit ihm nach Wien zu ziehen.

7. Bild

Wien. Der größte Teil der Abteilung Wien befindet sich in Reparatur, nur eine kleine Vorkriegsunterabteilung ist geöffnet. Beim Heurigen in Grinzing 1912

Reithofer und die Prinzessin verüben eine schmalzige Liebesszene. Sie beschließen, zusammen in ein kleines Hotel zu gehen. Nun stellt sich aber heraus, dass Reithofer die Zeche nicht zahlen kann. Er wird als Kellner entlarvt, und zwar hauptsächlich durch Lotte, die mit dem Vizedirektor ebenfalls beim Heurigen sitzt und sich plötzlich erinnert, Reithofer im ersten Bild kurz gesprochen zu haben. Reithofer flieht.

8. Bild

Im Orient

Der Direktor inszeniert hier Folgendes: Er lässt eine große Schar Wahrsager und Hellseher aufmarschieren, die der Prinzessin weissagen sollen, dass sie nur ja nicht den Krieg finanziere, da sie sonst ihr Geld verlieren würde. Sie solle unter allen Umständen das Etablissement sanieren, dann würde sich ihr Geld verdoppeln. Reithofer auf der Flucht, verkleidet als Wahrsager, weissagt der Prinzessin das Gegenteil. Der Direktor ist verzweifelt und die Prinzessin, die okkulte Neigungen hat, zeigt sich immer reservierter. Auch Lotte und der Vizedirektor erscheinen, und Reithofer weissagt den beiden, dass sie ein glückliches Paar werden würden, mit zahlreichen Kindern. Lotte stutzt und erkennt Reithofer (kraft ihres liebenden Herzens) und fährt ihm furchtbar über den Mund, dass er doch nicht derart lügen solle.

Reithofer muss nun abermals fliehen und Lotte zerkracht sich vollständig mit dem Vizedirektor, der über Lottes Abneigung, mit ihm zahlreiche Kinder zu zeugen, tief beleidigt ist, hauptsächlich in seiner Eitelkeit.
Lotte steht nun wieder allein auf der Welt.

9. Bild

Am Nordpol

Reithofer langt nun hier an nach einer abenteuerlichen Flucht durch viele Länder und weiß nicht mehr aus noch ein. (Monolog). Er versteckt sich plötzlich hinter einem Eisberg, da menschliche Wesen nahen und die nordpolhafte Stille stören. Es sind dies der Direktor, die Prinzessin und Gefolge. Der Direktor zeigt der Prinzessin als stimmungsvollen Clou seines Etablissements das Nordlicht. Die Prinzessin ist überwältigt von so viel Natur und entschließt sich nun, das Etablissement zu sanieren. Direktor begeistert.
Durch einen Zufall wird Reithofer entdeckt (er ist der Nordlichtmaschinerie zu nahe gekommen und hat einen Kurzschluss verursacht). Er wird festgenommen und der Vizedirektor unterzieht ihn einem Verhör. Dabei stellt es sich heraus, dass sich die beiden schon seit der Schulbank kennen – auch der Vizedirektor ist einstens Kellner gewesen. Auf die erstaunte Frage Reithofers betreffs seiner schwindelnd hohen Karriere setzt ihm der Vizedirektor auseinander, dass er nur dadurch seinen Posten bekommen hat, indem er betrügerische Unkorrektheiten der anderen Direktoren erfahren hat. Reithofer erinnert sich nun plötzlich, dass auch er etwas nicht ganz Korrektes vom Vizedirektor

weiß – und so muss ihm der Vizedirektor versprechen, ihn zu einem Abteilungsleiter avancieren zu lassen.
Da Wien für unabsehbare Zeit in Reparatur ist, entschließt sich Reithofer für die Abteilung „Rhein".

10. Bild

Am Rhein, mit Loreley

Die Prinzessin lauschte dem Gesange der Loreley und ist entzückt, dies alles sanieren zu können. Auch der Direktor schwelgt im Glück. Da erscheint aber der Sekretär der Prinzessin und bittet sie um Verzeihung: Er habe sich nämlich verkalkuliert und wenn die Prinzessin den Krieg und nicht das Etablissement finanzieren würde, würde sie um 4,20 Mark mehr verdienen. Nach einem kurzen seelischen Kampfe entschließt sich die Prinzessin für den Krieg. Direktor ist außer sich und möchte zu irgendeinem Fenster hinausspringen.
Feierliche Einsetzung Reithofers als Rayon-Chef der Abteilung „Rhein" – fast eine Krönung. Unter dem Spalier bildenden Publikum steht auch Lotte, an der er aber stolz vorüberzieht. Jetzt will er sie überhaupt gar nicht mehr kennen und Lotte möchte fort von dieser Welt. Sie erkundigt sich nach der Abteilung Paradies.
Mitten in der feierlichen Zeremonie platzt die Bombe: Die Prinzessin saniert den Krieg, das Etablissement ist pleite. Es erscheinen auch schon die Gerichtsvollzieher und pfänden alles weg.
Von diesem großen Sturze erholt sich Reithofer nicht so rasch. Es fallen ihm alle seine Sünden ein und auch er erkundigt sich nach der Abteilung Paradies.

11. Bild

Im Paradies

Lotte und Reithofer treffen sich, streiten sich unter dem Baum der Erkenntnis und finden sich wieder mit Hilfe verschiedener Vermittlungs-Aktionen der Tiere. Aber auch hier erscheint der Gerichtsvollzieher und pfändet. Das Paradies wird abmontiert – trotzdem bleiben Lotte und Reithofer nun erst recht beisammen.
Direktor erscheint und protestiert gegen die Pfändung. Er verspricht dem Gerichtsvollzieher zu prozessieren, und zwar bis zur letzten Instanz. Es bleibt also vorläufig alles noch beim Alten, bis zur Erledigung des Prozesses, dessen Ende nicht abzusehen ist.

Zweites Glücks-Such-Dramolett

Prolog

Die Außenfront und Auffahrt des Magazins des Glücks.

Autos fahren vor. Gäste gehen in das Haus, das festlich erleuchtet ist, und aus dem aus allen Abteilungen die Musik heraustönt. Neben der Auffahrt wartet rechts ein junger Mann, Reithofer, ein österreichischer Kellner, auf seine Freundin. Links wartet Annemarie, ein frisches, patentes Berliner Mädel, Büroangestellte, auf ihren Freund. Die Fürstin fährt vor, wird empfangen und von dem Generaldirektor, King Atlas, ins Haus geführt. Die beiden jungen Leute warten vergeblich.
Die Fassade des Magazins verdunkelt sich. In der oberen Etage wird eine Konferenz sichtbar, an der alle Abteilungsleiter teilnehmen, auch die Fürstin, die die Geldgeberin

dieses Unternehmens ist. King Atlas bittet um finanzielle Unterstützung, um sein Unternehmen ausbauen zu können. Die Fürstin will es anschauen und bezweifelt, dass man wirklich von Illusionen glücklich werden kann. King Atlas schlägt vor, zwei Menschen durch das Magazin zu schicken, und garantiert, dass sie glücklich werden würden. Die Fürstin ist einverstanden, will aber selbst die beiden Menschen von der Straße heraufholen. Sie verlässt den Raum, während sich das Konferenzzimmer wieder verdunkelt und die Fassade wieder in der Lichtreklame erstrahlt.
Reithofer und Annemarie sind von ihren Bekannten versetzt worden. Reithofer nähert sich Annemarie und will sie einladen, bekommt aber eine Abfuhr. Da rauscht die Fürstin mit Gefolge die Treppe herunter, aus der geöffneten Tür heraus und lädt Reithofer und Annemarie als Gäste in das Magazin ein. Beide sind ganz verwundert. Ihnen kommt das Ganze wie ein Wunder vor und sie gehen, ohne ein Wort zu sagen, mit King Atlas und der Fürstin in das Magazin hinein, aus dem wieder alle Melodien lockend herausklingen.

2. Bild
In Italien am Vesuv sind lauter glückliche Pärchen auf der Hochzeitsreise.

(Opernparodie.) Reithofer und Annemarie stehen dieser komischen Situation abwartend gegenüber. Es scheint aber so, als ob sie sich wirklich einander nähern würden. King Atlas frohlockt. Aber die Fürstin ist skeptisch. Weil aber King Atlas seiner Sache sicher ist, schlägt er eine Wette vor. Wenn sich das Paar wirklich findet, und glücklich wird, soll die Fürstin ihm die Mittel zum Ausbau weiterer

Illusionen zur Verfügung stellen. Kaum hat die Fürstin eingewilligt, haben Reithofer und Annemarie schon einen Krach. Man besteigt den Train bleu, der die einzelnen Abteilungen untereinander verbindet, und fährt nach Paris.

3. Bild

Kabarett in Paris.

Reithofer und Annemarie werden nebeneinander platziert. Die Fürstin gefällt Reithofer ungeheuer und er missdeutet das Interesse, das sie für ihn zeigt, lässt Annemarie sitzen und geht zu der Fürstin. Darüber ist King Atlas sehr erbost und enttäuscht, denn insgeheim hat er gehofft, dass die Fürstin auch von den Illusionen hingerissen an ihm Gefallen finden würde. Während er jetzt die verlassene Annemarie väterlich und menschlich tröstet, aber aus eindeutigen Profithintergründen, verlassen die Fürstin und Reithofer, der ihr sehr gefällt, Paris. King Atlas glaubt, dass die unscheinbare Annemarie dem Reithofer nicht gefällt, wie sein Sinn auf vornehme und mondäne Frauen gerichtet ist. Darum kleidet er sie ein und fährt mit ihr nach Chicago.

4. Bild

Südseeinsel.

Die Fürstin und Reithofer sitzen zusammen. Zwischen beiden scheint eine Zuneigung aufzukeimen. Aber jetzt kommt King Atlas dazwischen. Und sofort zeigt sich die Fürstin wieder fremd; denn es ist ihr peinlich, wenn Reithofer erführe, welches Experiment sie mit ihm vorhat. King Atlas sagt, dass Annemarie in Chicago auf Reithofer warte, und man begibt sich dorthin.

5. Bild

Vornehmes Gesellschaftsbild in Chicago.

Annemarie ist als die auffallendste Erscheinung von vielen Kavalieren umschwärmt. Als Reithofer sie sieht, ist er tatsächlich überrascht, und weil ihn die Fürstin enttäuscht hat, versucht er, wieder eine Verbindung herzustellen. Die Fürstin ist darüber sehr traurig, darf aber nichts sagen. King Atlas bemerkt diese Sympathie der Fürstin zu Reithofer, macht ihr Vorhaltungen und die Fürstin muss auf Reithofer verzichten für die Idee. Annemarie ist aber jetzt sehr stolz und lässt Reithofer, der mit den vornehmen Kavalieren nicht konkurrieren kann, abblitzen, der darüber ziemlich verzweifelt ist. King Atlas ist wütend über Annemarie. Reithofer erklärt King Atlas, dass das durchaus verständlich sei. Sie würde sich weiter so benehmen, wenn sie so als große Dame verkleidet herumläuft. Da hat King Atlas einen Plan: Engagierte Gentlemenverbrecher sollen der Annemarie Kleider und Schmuck rauben. Mitten im Tanz umstellen die gemieteten Gangster die Gesellschaft. Anfangs protestiert man, dass Chicago immer als Verbrechernest dargestellt wird, aber die Sache wird ernst. Annemarie wird tatsächlich beraubt. Im gefährlichsten Augenblick errettet sie aber Reithofer und Annemarie ist ihm wieder zugetan. Aber jetzt will der beleidigte Reithofer nichts von ihr wissen. King Atlas ist verzweifelt und sieht nur mehr eine letzte Möglichkeit: Er vertraut sich Reithofer an und verspricht ihm, Abteilungsleiter von Grinzing zu werden, wenn er das Mädchen als seine Geliebte betrachten würde und beide in „Glück machten“. Reithofer willigt ein. Die

Fürstin hofft immer noch, dass sie die Wette gewinnen wird, weil dann auch Reithofer wieder frei ist.

Pause.

6. Bild

Beim Heurigen in Grinzing.

Reithofer fungiert als Abteilungsleiter und macht Stimmung, er ist gewissermaßen der Wirt und Annemarie die Wirtin. Es sieht so aus, als ob beide glücklich sind. (Falsches Glück.) Die Fürstin und King Atlas besuchen Grinzing und King Atlas versucht, die Gunst der Fürstin wieder zu gewinnen und hofft auf die Wirkungen seiner Illusionen. Er zeigt der Fürstin, dass er die Wette gewonnen hat, denn Reithofer und Annemarie sind wirklich nach außen hin eine Seele und ein Herz. Anschließend erklärt King Atlas der Fürstin das Projekt seiner neuen Illusionen. Als Nächstes will er den Orient umbauen. Die Fürstin erklärt die Wette verloren und sich bereit, die Mittel zur Verfügung zu stellen.

7. Bild

Orient.

Unter King Atlas' Führung wird die Abteilung Orient umgebaut. Die Fürstin sieht zu. Plötzlich erscheint Reithofer und erklärt den beiden, dass ihm seine Annemarie weggelaufen sei und er selbst hätte auch genug. Das wäre kein Glück gewesen, sondern die Hölle auf Erden. Die Fürstin nimmt dieses Eingeständnis überrascht zur Kenntnis und lässt die Umbauarbeiten im Orient sofort einstellen. Es bleibt alles beim Alten, sagt King Atlas resigniert, wie es schon Jahrtausende war. Fernerhin erkundigt er sich bei Reithofer, wohin denn Annemarie gelaufen sei. „Sie hat mir die Türe vor der Nase zugeworfen“, erklärt Reithofer, „und mir scheint, der Richtung nach muss sie nach dem Nordpol gelaufen sein.“

8. Bild

Am Nordpol.

Annemarie hält einen Monolog und bedauert sich selbst und findet sich überflüssig auf der Welt. Am liebsten möchte sie erfrieren, weil das der angenehmste Tod ist. Man schläft auf Erden ein und dann schneit es nur ein bisschen und man erwacht im Paradies. King Atlas reißt sie aus ihren Gedanken und setzt ihr auseinander, dass sie ins Paradies bequemer kommen könnte. Reithofer warte auf sie im Paradies. Er erklärt ihr, sterben hat keinen Sinn, man muss leben.

9. Bild

Paradies.

Reithofer steht unter dem Baum der Erkenntnis und bedauert lebhaft in Form eines Monologes, dass der liebe Gott die Frauen erschaffen hat. Er beschimpft die Schlange King Atlas, die mit ihm solche Experimente gemacht hat. Da betritt Annemarie den Garten Eden und gerät mit Reithofer in eine heftige Auseinandersetzung. (Hassliebe.) King Atlas kommt, wird wütend über die verstockten Nichtliebhaber, die scheinbar auf keinen Fall glücklich werden wollen. Er weiß keinen neuen Ausweg mehr, gerät in sinnlose Wut und wirft die beiden Menschenkinder à la Erzengel aus dem Paradies hinaus. Kaum ist dies geschehen, erscheint die Fürstin und kündigt Atlas zum nächsten Ersten, weil er mit Geld Liebe und Glück zweier Menschenkinder erzwingen wollte und sie bezwungen hat und so gegen das heiligste Gesetz des Magazins des Glücks (Illusionsfabrik) gesündigt hat. Die Fürstin ist überhaupt über alles so enttäuscht. Sie möchte gar kein Magazin des Glücks haben. King Atlas bittet sie immer noch, zu bleiben, denn er hätte noch eine letzte Überraschung für sie. Aber sie will nicht und geht hinaus.

10. Bild

Berlin. Tiergarten. Auf einer Bank.

Reithofer und Annemarie setzen sich auf diese Bank, nachdem sie aus dem Paradies hinausgeflogen sind. Sie danken Gott im Himmel, dass sie endlich wieder in die Realität zurückgekehrt sind, und nun vollzieht sich die so lang ersehnte Annäherung zwischen den beiden auf besagter Bank im Tiergarten. King Atlas erscheint überraschend und findet beide in höchstem Glück, gratuliert ihnen und sich. Lässt die Fürstin herbeirufen und demonstriert ihr das Glück, und behauptet, er hätte die Wette doch noch gewonnen. Reithofer und Annemarie protestieren. Sie befänden sich nicht mehr in einer Illusionswelt, sondern auf einer Bank im Tiergarten. Nun spielt King Atlas seinen großen Trumpf aus, beweist ihnen, dass sie sich geirrt hätten: Die Tiergartenbank sei auch nur eine Abteilung des Magazins des Glücks. Fanfaren und Chöre ertönen. In dem Park wird ein Denkmal enthüllt, das die Fürstin darstellt, als eine Göttin der Illusion. Im großen Schlussbild wird King Atlas nun von der gerührten Fürstin wieder eingesetzt und alles schließt mit einem Hymnus auf den Triumph der Illusion.

⁕

Horto recreamur amoeno

Simon Dach (1605–1659)

(Der lateinische Titel lautet übersetzt: Im lieblichen Garten erholen wir uns)

Der habe Lust zu Würfeln und zu Karten,
Der zu dem Tanz und der zum kühlen Wein.
Ich liebe nichts, als was in diesem Garten
Mein Drangsalstrost und Krankheitsarzt kann sein.
Ihr grünen Bäume,
Du Blumenzier,
Ihr Haus der Reime,
Ihr zwinget mir
Dies Lied herfür.

Mir mangelt nur mein Spiel, die süße Geige,
Die würdig ist, dass sie mit Macht erschall
Hie, wo das Laub und die begrünten Zweige
Am Graben mich umschatten überall,
Hie, wo von weiten
Die Gegend lacht,
Wo an der Seiten
Der Wiesen Pracht
Mich fröhlich macht.

Was mir gebricht an Geld und großen Schätzen,
Muss mein Gemüt und dessen güldne Ruh
Durch freies Tun und Fröhlichkeit ersetzen,
Die schleußt vor mir das Haus der Sorgen zu.
Ich will es geben
Um keine Welt,
Dass sich mein Leben
Oft ohne Geld
So freudig hält.

Gesetzt, dass ich den Erdenkreis besäße
Und hätte nichts mit guter Lust gemein,
Wann ich der Zeit in Angst und Furcht genösse,
Was würd' es mir doch für ein Vorteil sein?
Weg mit dem allen,
Was Unmut bringt!
Mir soll gefallen,
Was lacht und singt
Und Freud erzwingt.

Ihr alten Bäum' und ihr noch jungen Pflanzen,
Ringsum verwahrt vor aller Winde Stoß,
Wo um und um sich Freud' und Ruh' verschanzen,
Senkt alle Lust herab in meinen Schoß.
Ihr sollt imgleichen
Durch dies mein Lied
Auch nicht verbleichen,
Solang' man Blüt'
Auf Erden sieht.

Glück ist die Erfüllung von Kinderwünschen.
Sigmund Freud (1856–1939)

*

Ein Augenblick des Glücks
wiegt Jahrtausende des Nachruhms auf.
Friedrich II. (von Preußen), genannt der Große (1712–1786)

*

Wenn man glücklich ist,
soll man nicht noch glücklicher sein wollen.
Theodor Fontane (1819–1898)

*

Es gibt kein unbedingtes und ungetrübtes Glück,
das länger als fünf Minuten dauert.
Theodor Fontane (1819–1898)

*

Glücklich die Besitzenden!
Euripides (um 480–406 v. Chr.)

*

Grundlage des Glücks ist die Unkenntnis der Zukunft.
Demetrius (Dimitrios) Vikelas (1835–1908)

Das Glück ist verschwenderisch, aber unbeständig.

Demokrit (460 – 380 v. Chr.)

⁕

Das Glück – eine ziehende Wolke.

Aus China

⁕

Das Glück is a Vogerl …

Karl Kratzl (1852 –1904)

Das Glück is a Vogerl, gar liab, aber scheu,
es lasst si schwer fangen, aber fortg'flogen is glei,
das Herz is der Käfig, und schaust d'net dazua,
so hast auf amal ka Glück und ka Ruah.

⁕

Ein Glück ist erreicht, nun soll es dauern;
aber Dauer und Glück schließen sich aus.

Robert Musil (1880–1942)

⁕

Was man im strengsten Sinne Glück heißt,
entspringt der eher plötzlichen Befriedigung
hoch aufgestauter Bedürfnisse und ist seiner Natur nach
nur als episodisches Phänomen möglich.

Sigmund Freud (1856 –1939)

Der Ring des Polykrates

Friedrich Schiller (1759–1805)

Er stand auf seines Daches Zinnen,
Er schaute mit vergnügten Sinnen
Auf das beherrschte Samos hin.
„Dies alles ist mir untertänig“,
Begann er zu Ägyptens König,
„Gestehe, dass ich glücklich bin.“

„Du hast der Götter Gunst erfahren!
Die vormals deinesgleichen waren,
Sie zwingt jetzt deines Szepters Macht.
Doch einer lebt noch, sie zu rächen;
Dich kann mein Mund nicht glücklich sprechen,
So lang des Feindes Auge wacht.“

Und eh’ der König noch geendet,
Da stellt sich, von Milet gesendet,
Ein Bote dem Tyrannen dar:
„Lass Herr! des Opfers Düfte steigen,
Und mit des Lorbeers muntern Zweigen
Bekränze dir dein festlich Haar!

Getroffen sank dein Feind vom Speere;
Mich sendet mit der frohen Märe,
Dein treuer Feldherr Polydor –“
Und nimmt aus einem schwarzen Becken,
Noch blutig, zu der beiden Schrecken,
Ein wohlbekanntes Haupt hervor.

Der König tritt zurück mit Grauen:
„Doch warn' ich dich, dem Glück zu trauen",
Versetzt er mit besorgtem Blick.
„Bedenk', auf ungetreuen Wellen –
Wie leicht kann sie der Sturm zerschellen –
Schwimmt deiner Flotte zweifelnd Glück."

Und eh' er noch das Wort gesprochen,
Hat ihn der Jubel unterbrochen,
Der von der Reede jauchzend schallt.
Mit fremden Schätzen reich beladen,
Kehrt zu den heimischen Gestaden
Der Schiffe mastenreicher Wald.

Der königliche Gast erstaunet:
„Dein Glück ist heute gut gelaunet,
Doch fürchte seinen Unbestand.
Der Kreter waffenkund'ge Scharen
Bedräuen dich mit Kriegsgefahren;
Schon nahe sind sie diesem Strand."

Und eh' ihm noch das Wort entfallen,
Da sieht man's von den Schiffen wallen,
Und tausend Stimmen rufen: „Sieg!
Von Feindesnot sind wir befreiet,
Die Kreter hat der Sturm zerstreuet,
Vorbei, geendet ist der Krieg!"

Das hört der Gastfreund mit Entsetzen.
„Fürwahr, ich muss dich glücklich schätzen!
Doch“, spricht er, „zittr’ ich für dein Heil.
Mir grauet vor der Götter Neide;
Des Lebens ungemischte Freude
Ward keinem Irdischen zuteil.

Auch mir ist alles wohl geraten,
Bei allen meinen Herrschertaten
Begleitet mich des Himmels Huld;
Doch hatt’ ich einen teuren Erben,
Den nahm mit Gott, ich sah ihn sterben,
Dem Glück bezahlt’ ich meine Schuld.

Drum, willst du dich vor Leid bewahren,
So flehe zu den Unsichtbaren,
Dass sie zum Glück den Schmerz verleihn.
Noch keinen sah ich fröhlich enden,
Auf den mit immer vollen Händen
Die Götter ihre Gaben streun.

Und wenn’s die Götter nicht gewähren,
So acht’ auf eines Freundes Lehren
Und rufe selbst das Unglück her;
Und was von allen deinen Schätzen
Dein Herz am höchsten mag ergötzen,
Das nimm und wirf’s in dieses Meer!“

Und jener spricht, von Furcht beweget:
„Von allem, was die Insel heget,
Ist dieser Ring mein höchstes Gut.
Ihn will ich den Erinnen weihen,
Ob sie mein Glück mir dann verzeihen.“
Und wirft das Kleinod in die Flut.

Und bei des nächsten Morgens Lichte
Da tritt mit fröhlichem Gesichte
Ein Fischer vor den Fürsten hin:
„Herr, diesen Fisch hab’ ich gefangen,
Wie keiner noch ins Netz gegangen;
Dir zum Geschenke bring’ ich ihn.“

Und als der Koch den Fisch zerteilet,
Kommt er bestürzt herbeigeeilet,
Und ruft mit hocherstauntem Blick:
„Sieh, Herr, den Ring, den du getragen,
Ihn fand ich in des Fisches Magen;
O ohne Grenzen ist dein Glück!“

Hier wendet sich der Gast mit Grausen:
„So kann ich hier nicht ferner hausen,
Mein Freund kannst du nicht weiter sein.
Die Götter wollen dein Verderben;
Fort eil’ ich, nicht mit dir zu sterben.“
Und sprach’s und schiffte schnell sich ein.

Die Seifenblase

Heinrich Heine (1797–1856)

In meines Glückes Sorgenglanz,
Da gaukelt fröhlich der Mückentanz.
Die lieben Freunde liebten mich
Und teilten mit mir brüderlich
Wohl meinen besten Braten
Und meinen letzten Dukaten.

Das Glück ist fort, der Beutel leer,
Und hab auch keine Freunde mehr;
Erloschen ist der Sonnenglanz,
Zerstoben ist der Mückentanz,
Die Freunde, so wie die Mücke,
Verschwinden mit dem Glücke.

An meinem Bett in der Winternacht
Als Wärterin die Sorge wacht.
Sie trägt eine weiße Unterjack,
Ein schwarzes Mützchen, und schnupft Tabak.
Die Dose knarrt so grässlich,
Die Alte nickt so hässlich.

Mir träumt manchmal, gekommen sei
Zurück das Glück und der junge Mai
Und die Freundschaft und der Mücken – Schwarm –
Da knarrt die Dose – dass Gott erbarm,
Es platzt die Seifenblase –
Die Alte schnäuzt die Nase.

's Glück is unbeständig

Johann N. Nestroy (1801–1862)

Gottlieb (allein; er ist möglichst nett, aber ärmlich gekleidet) und singt:

Der Wahnsinn hat mich stets geärgert unbändig,
Wann ich d'Leut' raisonier'n hör',
„'s Glück is unbeständig."
Beständig is's wie ein brav's Weib,
was nicht leicht
Vom Erwählten, selbst wenn er's mit Füßen tritt,
weicht.
Wer's hat, kann drauf sündigen keck jedenfalls,
So ein'n Menschen g'rat't all's,
so ein'n Menschen g'rat't all's. –

Doch's Glück is auch böses Weib in seinem Hass,
Unversöhnlich, da mag einer tun, Gott weiß was!
Ob er fleht, oder ras't, oder seufzt, oder schreit,
Hat's „Nein" g'sagt, so gilt es für ewige Zeit;
Den Verzweifelnden selbst flieht's mit höhnendem Blick,
Und der Mensch hat kein Glück,
und der Mensch hat kein Glück.

Glück für sich allein und verborgen?

Unglück macht immer interessant;
ein glücklicher Alltagsmensch
ist immer das Uninteressanteste.

Johann N. Nestroy (1801–1862)

⁕

Willst du immer weiter schweifen?
Sieh, das Gute liegt so nah!
Lerne nur das Glück ergreifen,
denn das Glück ist immer da.

Johann Wolfgang von Goethe (1749–1832)

⁕

Das letzte Ziel des Menschen ist das Glück.
Ultimus finis hominum est beatitudo.

Thomas von Aquin (1225–1274)

⁕

Alle Menschen wollen glücklich sein.

Aristoteles (384–322 v. Chr.)

Glück ist Selbstgenügsamkeit.

Aristoteles (384–322 v. Chr.)

⁂

Weltweisheit

Adolf Glaßbrenner (1810–1876)

Lebst du ein Jahr in Gram und Leid:
Du lebtest keine Stunde Zeit.

Ein Tag gelebt in Lieb' und Kuss,
Es ist ein ganzes Jahr Genuss!

Ein Jahr verbracht in frommem Wahn,
Ist keine Stunde wohlgetan.

Ein Stündchen Scherz, ein Stündchen Wein,
Das ist: ein Jahr lang glücklich sein!

Ein Jahr im Staats- und Pfaffenjoch
War keine Stunde Leben noch!

Ein Stündchen froh und frei die Brust:
Ein Jahr voll Leben und voll Lust!

Du Knecht der alten Menschennot,
Wie lang schon, Jüngling, bist du tot!

Du Greis in der Erinnerung
Durchlebter Freude: o wie jung!

Wer sich in Angst und Pein begräbt,
Der hat sein Leben nicht gelebt.

Wer nur nach Lust und Schönheit strebt,
Der hat die Ewigkeit durchlebt.

Wem niemals um den Himmel bangt,
Der hat den Himmel schon erlangt.

Ein Leben ohne Harm und Leid,
Das ist die ewige Seligkeit.

*

Glückwunsch

Joseph von Eichendorff (1788 – 1857)

Brech der lustige Sonnenschein
Mit der Tür Euch ins Haus hinein,
Dass alle Stuben so frühlingshelle!
Ein Engel auf des Hauses Schwelle
Mit seinem Glanze säume
Hof, Garten, Feld und Bäume,
Und geht die Sonne abends aus,
Führ er die Müden mild nach Haus.

Glücklich ist, wer vergisst,
Was doch nicht zu ändern ist.

Johann Strauß (1825–1899)

*

Glück des Verräters

Iwan Turgenjew (1818–1883)

Durch eine Straße der Hauptstadt eilt in großen Sprüngen ein noch junger Mann. Er bewegt sich froh und munter, seine Augen leuchten, ein breites Lächeln liegt auf seinen Lippen, sein freundliches Gesicht strahlt rosig auf ... Er ist voll Zufriedenheit und Glück! Was hat er wohl erlebt? Hat er eine Erbschaft gemacht? Ist er befördert worden? Eilt er zu einem Rendezvous? Oder hat er einfach gut gefrühstückt – und nun erfüllt das Gefühl der Gesundheit, der vollen Kraft, alle seine Glieder? Man wird ihm doch nicht dein schönes Ordenskreuz um seinen Hals gelegt haben, o Polenkönig Stanislaus!

Nein! Ganz anders: Er hatte eine Denunziation gegen einen Bekannten erfunden, sie dann sorgfältig ausgestreut; nun hat er seine Verleumdung von einem anderen Bekannten wiedergehört – und glaubt jetzt selbst, dass sie stimmt.

Oh, wie zufrieden, wie gut sogar ist in dieser Minute dieser liebenswerte, vielversprechende junge Mann!

Das allein macht glücklich,
wenn wir uns unserer Rolle bewusst werden,
und sei sie noch so unbedeutend.

Antoine de Saint-Exupéry (1900–1944)

⁕

Wer glücklich reisen will, reise mit leichtem Gepäck.

Antoine de Saint-Exupéry (1900–1944)

⁕

Jedes Neue, auch das Glück, erschreckt.

Friedrich von Schiller (1759–1805)

⁕

Alles Glück ist Märchen

Theodor Fontane (1819–1898)

„Alles große Glück ist ein Märchen", wiederholte Jenny langsam und gefühlvoll. „Wie wahr, wie schön! Und sehen Sie, Wilibald, dass das beneidete Leben, das ich jetzt führe, meinem Ohr und meinem Herzen solche Worte versagt, dass lange Zeiten vergehen, ehe Aussprüche von solcher poetischen Tiefe zu mir sprechen, das ist für eine

Natur, wie sie mir nun mal geworden, ein ewig zehrender Schmerz. Und Sie sprechen dabei von Glück, Wilibald, sogar von großem Glück! Glauben Sie mir, mir, die ich dies alles durchlebt habe, diese so vielbegehrten Dinge sind wertlos für den, der sie hat. Oft, wenn ich nicht schlafen kann und mein Leben überdenke, wird es mir klar, dass das Glück, das anscheinend so viel für mich tat, mich nicht die Wege geführt hat, die für mich passten, und dass ich in einfacheren Verhältnissen und als Gattin eines in der Welt der Ideen und vor allem auch des Idealen stehenden Mannes wahrscheinlich glücklicher geworden wäre. Sie wissen, wie gut Treibel ist und dass ich ein dankbares Gefühl für seine Güte habe. Trotzdem muss ich es leider aussprechen, es fehlt mir, meinem Manne gegenüber, jene hohe Freude der Unterordnung, die doch unser schönstes Glück ausmacht und so recht gleichbedeutend ist mit echter Liebe. Niemandem darf ich dergleichen sagen; aber vor Ihnen, Wilibald, mein Herz auszuschütten, ist, glaub' ich, mein schön menschliches Recht und vielleicht sogar meine Pflicht ..."

Schmidt nickte zustimmend und sprach dann ein einfaches: „Ach, Jenny ..." mit einem Tone, drin er den ganzen Schmerz eines verfehlten Lebens zum Ausdruck zu bringen trachtete. Was ihm auch gelang. Er lauschte selber dem Klang und beglückwünschte sich im Stillen, dass er sein Spiel so gut gespielt habe.

Jenny, trotz aller Klugheit, war doch eitel genug, an das „Ach" ihres ehemaligen Anbeters zu glauben.

Aus: Theodor Fontane, „Frau Jenny Treibel",
in: Werke, Schriften und Briefe, 1974, Carl Hanser Verlag

Rustan:
Kühner, wage! Wagen siegt,
Was du nimmst, ist dir gegeben!
Neidenswertes Glück der Größe!

Eines nur ist Glück hienieden,
Eins, des Innern stiller Frieden
Und die schuldbefreite Brust.
Und die Größe ist gefährlich,
Und der Ruhm ein leeres Spiel.
Was er gibt, sind nichtge Schatten,
Was er nimmt, es ist so viel.

Franz Grillparzer (1791–1872)

⁕

Strebens nach Glück;
vollkommenes Ansehen ist das Nichtvorhandensein
des Strebens nach Ansehen.“

Laotse (6. Jhd. v. Chr.)

⁕

Nehmen Sie einem Durchschnittsmenschen die Lebenslüge, und Sie nehmen ihm zu gleicher Zeit das Glück.

Henrik Ibsen (1828–1906)

Frage und Antwort

Franz Grillparzer (1791–1872)

Lebt der Mensch zu seinem Glücke?
Lebt der Mensch zu seiner Qual?
Fragen weinend meine Blicke
Euch, ihr Sterne ohne Zahl.

Lockend winket dort die Freude,
Grässlich drohet hier der Schmerz
Wonne wandelt sich zum Leide,
Sterbend bricht das arme Herz.

Schöne Fantasien schwinden
Wie die leichten Nebel hin,
Und die ernsten Sorgen binden
An den Staub den freien Sinn.

Alles Wissen, alles Streben
Raubt uns nur der Einfall Glück,
Keine Weisheit kann uns geben
Süßer Kindheit Traum zurück.

Weinend fragen meine Blicke
Euch, ihr Sterne ohne Zahl:
Lebt der Mensch zu seinem Glücke?
Lebt der Mensch zu seiner Qual?

Lichte Wolken seh ich glänzen;
Dunkel weicht dem Rosenschein –
Sterne bilden sich zu Kränzen,
Geisterhauch durchrauscht den Hain,

Und mit süßen Flötentönen
Flüsterts aus der Lüfte Blau:
Weihe dich dem Guten, Schönen,
Blühts auch hier im Tränentau;

Kämpfe kühn mit dem Geschicke!
Nein, du lebest nicht zur Qual!
Himmelan, zum ewgen Glücke
Führt dein Weg durchs Sorgental.

*

Glücklich ist, wer alles hat, was er will.

Aurelius Augustinus (354 – 430)

*

Das Elend ist nur der Schatten des Glücks,
das Glück nur der Mantel des Elends.

Laotse (6. Jhd. v. Chr.)

*

Wer in Unglück fällt,
verliert sich leicht aus der Erinnerung der Menschen.

Friedrich von Schiller (1759 – 1805)

Glück ist alles, was die Seele durcheinanderrüttelt.

Arthur Schnitzler (1862–1931)

⁕

Ich verspreche,
dich zu lieben, zu achten und dich zu beschützen,
ob in Zeiten des Glücks oder der Not.

Jüdisches Eheversprechen

⁕

Kommt zu einem schmerzlosen Zustand
noch die Abwesenheit der Langeweile,
so ist das irdische Glück im Wesentlichen erreicht.

Arthur Schopenhauer (1788–1860)

⁕

Bedenke, dass die menschlichen Verhältnisse
insgesamt unbeständig sind,
dann wirst Du im Glück nicht zu fröhlich
und im Unglück nicht zu traurig sein.

Sokrates (469–399 v. Chr.)

⁕

Großes Glück hat selten lange Dauer,
Lautem Jubel folgt oft tiefe Trauer.

Bruno Alwin Wagner (1835–1917)

Der glückliche Prinz

Oscar Wilde (1854–1900)

Hoch über der Stadt stand auf einer hohen Säule die Statue des glücklichen Prinzen. Sie war über und über mit dünnen Blättchen von feinem Golde bedeckt, zwei glänzende Saphire hatte sie als Augen und ein großer, roter Rubin glühte am Schwertknauf.
Die Statue wurde von allen aufs Höchste bewundert.
„Sie ist so schön wie ein Wetterhahn", bemerkte einer der Stadträte, dem viel daran gelegen war, als ein geschmackvoller Mann in Kunstdingen zu gelten, „wenn auch nicht ganz so nützlich", fügte er hinzu, aus Furcht, man könnte ihn für unpraktisch halten, was er aber in der Tat nicht war.
„Warum nimmst du dir kein Beispiel an dem glücklichen Prinzen?", fragte eine gefühlvolle Mutter ihren kleinen Buben, der den Mond haben wollte und bitterlich weinte. „Der glückliche Prinz denkt nicht an Weinen, wenn er etwas nicht bekommen kann."
„Ich bin froh, dass es in der Welt wenigstens einen gibt, der ganz glücklich ist", murmelte ein Enttäuschter, indem er die wundervolle Bildsäule betrachtete.
„Er sieht aus wie ein Engel; genau so", sagten die Waisenkinder, die in ihren glänzenden Purpurröcken und den sauberen weißen Lätzchen aus der Kathedrale kamen.
„Woher wisst ihr das", fragte der Mathematiklehrer, „da ihr noch nie einen Engel gesehen habt?"
„Oh doch, in unseren Träumen", antworteten die Kinder, und der Mathematiklehrer runzelte die Brauen und blickte

finster drein, denn er war damit nicht einverstanden, dass Kinder träumten.
Da flog eines Nachts ein kleines Schwalbenmännchen über die Stadt. Seine Freunde waren schon vor sechs Wochen nach Ägypten gezogen, aber er blieb noch zurück, denn er liebte eine ganz wunderschöne Schilfblüte. Zeitig im Frühjahr hatte er sie erblickt, als er gerade hinter einer dicken gelben Motte her, den Fluss hinunterflog, und die schlanke Taille der Rispe hatte ihm so gefallen, dass er sich niedersetzte, um mit ihr zu plaudern.
„Soll ich dich lieben?“, sagte das Schwalbenmännchen, das gerne geradewegs auf sein Ziel losging, und das Schilffräulein machte ihm eine tiefe Verbeugung. So flog der Schwälberich dann rund um das Rohr herum und berührte das Wasser mit seinen Flügelspitzen und zeichnete silberne Kreise hinein. So machte er ihr den Hof und das dauerte den ganzen Sommer über.
„Es ist ein lächerliches Verhältnis!“, zwitscherten die anderen Schwalben. „Die Rohrdame hat kein Geld und viel zu viel Verwandtschaft.“
Und in der Tat war der ganze Fluss voll Schilf. Und als dann der Herbst kam, flogen auch alle Schwalben davon. Und als sie fortgeflogen waren, da fühlte sich das Schwälbchen sehr einsam und begann seinen Minnedienst etwas langweilig zu finden. „Es plaudert sich schlecht mit ihr und ich fürchte sehr, dass sie kokett ist, denn sie flirtet immer mit dem Funker Wind.“
Und es war Tatsache, dass die Schilfrispe, so oft der Wind blies, ihm die graziösesten Verbeugungen machte. „Ich gebe zu, dass sie häuslich ist“, fuhr der Schwälberich fort,

„aber ich liebe das Reisen und mein Weib muss also das Reisen ebenfalls gern haben."
„Willst du mit mir kommen?", sagte der Schwälberich endlich zu ihr. Aber das Rohrblümchen schüttelte den Kopf, denn es war ja an den Boden gebunden.
„Du hast deinen Scherz mit mir getrieben", schrie der Schwälberich, „ich reise zu den Pyramiden. Leb wohl!"
Und der Schwälberich flog fort.
Den ganzen Tag lang flog er und als die Nacht hereinbrach, erreichte er die Stadt. „Wo soll ich absteigen?", fragte er sich. „Ich hoffe, die Stadt hat einige Empfangsvorbereitungen getroffen!"
Da gewahrte der Schwälberich die Statue auf der gewaltigen Säule.
„Hier will ich absteigen!", rief er aus. „Das ist ein schönes Plätzchen und frische Luft gibt es hier genug." Und er ließ sich gerade zwischen den Füßen des glücklichen Prinzen nieder.
„Ich habe ja ein goldenes Schlafzimmer", sagte er erfreut zu sich selbst, indem er sich umsah und sich zum Schlafen vorbereitete. Aber gerade wie er seinen Kopf unter die Flügel stecken wollte, fiel ein schwerer Wassertropfen nieder.
„Wie seltsam!", rief das Schwälbchen. „Am Himmel steht keine einzige Wolke, die Sterne sind ganz hell und klar und doch regnet es. Das Klima im nördlichen Europa ist doch wirklich abscheulich. Das Rohrblümchen liebte ja den Regen, aber das war nichts als Egoismus."
Ein zweiter Tropfen fiel.
„Wozu ist denn eine Bildsäule eigentlich da, wenn sie nicht einmal Regen abhalten kann", sagte er. „Ich schaue mich

lieber nach einem braven Schornstein um!“ Und der Vogel wollte schon davonfliegen.
Aber bevor er noch seine Flügel entfaltet hatte, fiel ein dritter Tropfen und er blickte empor und sah – ach, was sah er? Die Augen des glücklichen Prinzen waren voll Tränen, und die Tränen rollten an den goldenen Wangen nieder. Und sein Gesicht war so wunderschön im Mondlicht, dass der Schwälberich wirklich ein tiefes Mitleid empfand.
„Wer bist du?“, fragte er.
„Ich bin der glückliche Prinz.“
„Warum weinst du dann?“, fragte der Vogel weiter. „Ich bin ja schon fast ganz durchnässt.“
„Als ich lebte und noch ein menschliches Herz hatte“, antwortete die Statue, „da wusste ich nicht, was Tränen sind, denn ich lebte im Palaste sorgenfrei, dessen Schwelle die Sorge nicht betreten darf. Tagsüber spielte ich mit meinen Gefährten im Garten und abends führte ich in der großen Halle den Tanz an. Rings um den Garten lief eine sehr hohe Mauer, aber ich kümmerte mich niemals darum, was hinter der Mauer lag, denn alles um mich her war eitel Schönheit. Meine Hofleute nannten mich den glücklichen Prinzen und ich war in der Tat glücklich, wenn Vergnügen dasselbe ist wie Glück. So lebte ich und so starb ich. Und nun da ich gestorben bin, haben sie mich hier so hoch hinaufgestellt, dass ich alle Hässlichkeit und alles Elend meiner Stadt sehen kann, und obgleich mein Herz aus Blei ist, kann ich nichts anderes tun als weinen.“
„Wie, es ist nicht durch und durch aus Gold?“, sprach das Schwälbchen zu sich, denn es war doch zu höflich, um solch eine persönliche Bemerkung laut werden zu lassen.

„Weit, weit von hier“, fuhr die Bildsäule mit einer tiefen, klangvollen Stimme fort, „weit, weit von hier steht ein armseliges Häuschen in einer kleinen Straße. Eines der Fenster steht offen und ich sehe eine Frau an einem Tische sitzen. Ihr Gesicht ist schmalwangig und verhärmt, und sie hat raue, rote Hände, ganz zerstochen von der Nadel, denn sie ist eine Näherin. Sie stickt Passionsblumen in ein Seidengewand für das lieblichste aller Ehrenfräulein der Königin, um es auf dem nächsten Hofball zu tragen. In einem Bett in einer Ecke des Zimmers liegt ihr kleiner kranker Sohn. Ihn schüttelt das Fieber und er möchte Apfelsinen haben. Seine Mutter aber kann ihm nichts geben als Wasser aus dem Fluss, und daher weint er. Schwälbchen, Schwälbchen, kleines Schwälbchen, willst du ihr nicht den Rubin aus meinem Schwertgriff bringen? Meine Füße sind auf dem Sockel festgenietet und ich kann mich nicht bewegen.“
„Man erwartet mich in Ägypten“, sagte der Vogel. „Meine Freunde fliegen den Nil auf und ab und flüstern mit den großen Lotosblumen. Bald werden sie schlafen gehen im Grabe des großen Königs. Der liegt in einer gemalten Truhe und ist in gelbes Linnen gehüllt und mit Gewürzen balsamiert. Um seinen Hals liegt eine Kette aus blassem, grünem Nephrit, und seine Hände gleichen vertrockneten Blättern.“
„Schwälbchen, Schwälbchen, kleines Schwälbchen“, sagte der Prinz, „willst du nicht noch diese Nacht bei mir bleiben und mein Bote sein? Der Knabe hat so großen Durst und die Mutter ist so traurig.“
„Weißt du, ich mache mir wenig aus Knaben“, antwortete das Schwälbchen. „Als ich im letzten Sommer am Flusse

wohnte, da waren zwei rohe Buben dort, die Söhne des Müllers, und sie warfen Steine nach mir. Natürlich trafen sie mich nicht. Wir Schwalben fliegen viel zu schnell, und überdies stamme ich aus einer Familie, die wegen ihrer Hurtigkeit berühmt ist. Trotzdem war es ein Zeichen mangelnden Respekts."

Aber der glückliche Prinz blickte so traurig drein, dass der kleine Schwalbenmann ganz betrübt wurde. „Es ist zwar kalt hier", sagte er, „aber ich will eine Nacht bei dir bleiben und dein Bote sein."

„Ich danke dir, kleine Schwalbe", sagte der Prinz.

Und der Schwälberich pickte den großen Rubin aus dem Schwerte des Prinzen und fasste ihn mit dem Schnabel und flog damit über die Dächer der Stadt.

Er flog am Turm der Kathedrale vorbei, wo die weißen Marmorengel stehen, er flog am Palast vorbei und hörte darin Tanz und Musik. Ein schönes Mädchen kam mit dem Geliebten auf den Balkon. „Wie wundervoll die Sterne sind", sagte er zu ihr, „und wie wundervoll die Macht der Liebe ist!"

„Ich hoffe, mein Kleid wird für den Hofball fertig werden", antwortete sie. „Ich hab' mir Passionsblumen darauf sticken lassen, aber die Schneiderinnen sind so faul."

Er flog über den Fluss und sah die Laternen blinken an den Masten der Schiffe. Er flog über das Ghetto und sah die alten Juden miteinander handeln und das Geld in kupfernen Schalen wiegen. Endlich kam er zu dem armseligen Häuschen und schaute hinein. Der Knabe lag fiebernd in seinem Bett und die Mutter war vor Müdigkeit eingeschlafen.

Der Schwälberich hüpfte ins Zimmer und legte den großen Rubin auf den Tisch grade neben den Fingerhut der Frau. Dann kreiste er mit leichtem Flügelschlag um das Bett und fächelte mit seinen Schwingen die Stirne des Knaben. „Ach, wie kühl es wird", sagte das Kind, „jetzt wird mir gewiss besser werden." Und der Knabe sank in einen süßen Schlaf. Dann flog der Vogel zurück zum glücklichen Prinzen und erzählte ihm, was er getan hatte. „Es ist seltsam", fügte er hinzu, „aber mir ist mit einem Male ganz warm geworden, obgleich es doch so kalt ist."

„Das kommt daher, weil du eine gute Tat vollbracht hast", sagt der Prinz. Und das kleine Schwälbchen begann nachzudenken, und dann schlief es ein. Denken machte es immer schläfrig.

Als der Tag anbrach, flog der Schwälberich zum Flusse und nahm ein Bad. „Welch ein seltsames Phänomen", sagte der Professor der Ornithologie, der gerade über die Brücke ging. „Eine Schwalbe im Winter!" Und er schrieb darüber einen langen Brief an die Neuesten Nachrichten. Jedermann sprach davon, aber der Artikel war so voll Gelehrsamkeit, dass ihn keiner so recht verstand.

„Heute Nacht reise ich nach Ägypten", sagte der Vogel und war äußerst vergnügt bei dieser Aussicht. Er besuchte alle öffentlichen Denkmälerbauten und saß lange Zeit auf der Kirchturmspitze. Wohin er kam, zwitscherten die Sperlinge und sagten zueinander: „Welch ein vornehmer Fremdling!" Und das freute den Schwälberich gar sehr.

Als der Mond aufging, flog er zurück zum glücklichen Prinzen. „Hast du was zu bestellen in Ägypten?", rief er. „Ich reise jetzt hin!"

„Schwälbchen, Schwälbchen, kleines Schwälbchen“, sagte der Prinz, „willst du nicht noch eine Nacht bei mir bleiben?“
„Man erwartet mich in Ägypten“, antwortete der Vogel. „Morgen fliegen meine Freunde bis zum zweiten Katarakt. Dort liegt das Nilpferd im hohen Riedgrase und auf einem großen granitnen Thron sitzt der Gott Memnon. Jede Nacht blickt er die Sterne an, und wenn der Morgenstern aufblitzt, so stößt er einen Freudenschrei aus und dann ist er wieder stumm. Und zu Mittag kommen die gelben Löwen ans Ufer zur Tränke. Sie haben Augen wie grüne Berylle, und ihr Brüllen ist lauter als das Brüllen des Katarakts.“
„Schwälbchen, Schwälbchen, kleines Schwälbchen“, sagte der Prinz. „Weit am anderen Ende der Stadt seh’ ich einen jungen Mann in einer Dachstube. Er sitzt an seinem Schreibtisch, der über und über mit Papieren bedeckt ist und in einem Glase neben ihm steckt ein Sträußchen verwelkter Veilchen. Sein Haar ist braun und lockig und seine Lippen sind rot wie eine Granatblüte und er hat große, verträumte Augen. Er versucht an einem Schauspiel für das Theater zu arbeiten, aber er kann vor Kälte die Finger nicht rühren. Im Ofen gibt es kein Feuer mehr und der Hunger hat ihn schwach gemacht.“
„Ich will abermals eine Nacht bei dir bleiben“, sagte der Schwälberich, der wirklich ein gutes Herz hatte, „soll ich ihm auch einen Rubin bringen?“
„Ach, ich habe keinen Rubin mehr“, sagte der Prinz, „meine Augen sind alles, was ich noch habe. Sie sind aus kostbaren Saphiren gemacht, die man vor vielen tausend

Jahren aus Indien herbeibrachte. Picke eines meiner Augen aus und bringe es ihm. Er wird es zu einem Juwelier tragen, er wird sich Nahrung und Feuerung dafür kaufen und sein Stück zu Ende bringen können."

„Teurer Prinz", sagte der Vogel, „das kann ich nicht tun!" Und er begann zu weinen.

„Schwälbchen, Schwälbchen, kleines Schwälbchen", sagte der Prinz, „tue, wie ich dir befahl."

So pickte der Schwälberich dem Prinzen ein Auge aus und flog damit zur Dachkammer des Studenten. Es war leicht hineinzukommen, denn im Dache war ein Loch. Durch dieses Loch schlüpfte der Vogel ins Zimmer. Der junge Mann hatte seinen Kopf in den Händen vergraben und hörte darum das Flattern der Flügel nicht, und als er aufsah, fand er den schönen Saphir auf dem verwelkten Veilchenstrauß.

„Man beginnt mich zu würdigen", rief er aus. „Dieser Stein kommt gewiss von irgendeinem meiner Bewunderer. Nun kann ich mein Stück vollenden!" Und er blickte ganz glücklich darein.

Am nächsten Tag flog das Schwälbchen zum Hafen hinunter, setzte sich auf den Mast eines großen Schiffes und sah zu, wie die Matrosen große Ballen an Seilen aus dem Schiffsraum nach oben wanden. „Ahoi!", schrien sie, so oft ein Ballen emporkam. „Ich reise nach Ägypten", rief das Schwälbchen, aber niemand kümmerte sich darum, und als der Mond aufging, flog der Vogel zurück zu dem glücklichen Prinzen.

„Ich komme, um Lebewohl zu sagen", rief er ihm zu.

„Schwälbchen, Schwälbchen, kleines Schwälbchen, willst du nicht noch eine Nacht bei mir bleiben?"

„Es ist Winter“, antwortete das Schwälbchen, „und der hohe Schnee wird bald da sein. In Ägypten ist die Sonne warm und die Palmen sind grün, und die Krokodile liegen im Schlamm und blinzeln faul vor sich hin. Meine Gefährten bauen ihr Nest im Tempel von Baalbek und rot- und weißgesprenkelte Tauben schauen zu und gurren. Teurer Prinz, ich muss dich verlassen, aber ich werde dich nie vergessen, und im nächsten Frühjahr bringe ich dir zwei schöne Juwelen mit an Stelle derer, die du weggegeben hast. Der Rubin soll roter sein als eine rote Rose und der Saphir so blau wie das weite Meer.“

„Unten auf dem Platze“, sagte der glückliche Prinz, „steht ein kleines Zündhölzchenmädel, die hat ihre Zündhölzchen in die Gosse fallen lassen, und nun sind sie alle verdorben. Ihr Vater wird sie schlagen, wenn sie kein Geld nach Hause bringt und dann weint sie. Sie hat nicht Schuhe noch Strümpfe und ihr kleiner Kopf ist bloß. Picke nur das andere Auge aus und bring es ihr und ihr Vater wird sie nicht schlagen.“

„Ich will noch eine Nacht bei dir bleiben“, sagte der Schwälberich, „aber ich kann dein anderes Auge nicht auspicken. Dann wärst du ja ganz blind.“

„Schwälbchen, Schwälbchen, liebes Schwälbchen“, sagte der Prinz, „tue, wie ich dir befahl.“

So pickte der kleine Vogel dem Prinzen das andere Auge auch aus und flog damit hernieder. Es flitzte an dem Zündhölzchenmädel vorüber und ließ das Juwel in ihre Hand fallen.

„Welch ein entzückendes Stückchen Glas!“, rief das kleine Mädchen und lief lachend nach Hause.

Dann kam das Schwälbchen zurück zum Prinzen. „Nun bist du blind“, sagte es, „und ich werde immer bei dir bleiben.“
„Nein, kleines Schwälbchen“, sagte der Prinz, „du musst fort nach Ägypten.“
„Ich will immer bei dir bleiben“, sagte das Schwälbchen und schlief zu den Füßen des Prinzen ein.
Den ganzen nächsten Tag saß der Vogel auf des Prinzen Schulter und erzählte ihm Geschichten von all den fremden Ländern, die es gesehen hatte. Es erzählte ihm von den roten Ibissen, die in langen Reihen an den Ufern des Niles stehen und Goldfische mit ihren Schnäbeln fangen, von der Sphinx, die so alt ist wie die Welt und in der Wüste lebt und alles weiß, von Kaufleuten, die langsam neben den Kamelen einhertrotten und Ambrakügelchen durch die Finger gleiten lassen, vom König der Mondberge, der so schwarz ist wie Ebenholz und einen großen Kristall anbetet, von der langen grünen Schlange, die auf einer Palme lebt und zwanzig Priester hat, die sie mit Honigkuchen füttern, und von den Pygmäen, die auf breiten flachen Blättern über einen großen See hinsegeln und immer mit den Schmetterlingen Krieg führen.
„Liebes, kleines Schwälbchen“, sagte der Prinz, „du erzählst mir von wunderbaren Dingen, aber wunderbarer als alles ist das Leiden von Mann und Weib. Das Mysterium des Elends ist das größte von allen. Fliege über meine Stadt, kleines Schwälbchen, und erzähle mir, was du darin siehst.“
So flog denn der Schwälberich über die große Stadt und sah, wie die Reichen glücklich waren in den schönen Häusern, indes die Bettler vor den Toren kauerten. Es

flog in dunkle Gässchen und sah die bleichen Gesichter hungernder Kinder, die mit abgestumpften Blicken gleichgültig die schwarze Straße hinabschauten. Unter einem Brückenbogen lagen zwei kleine Knaben, einer in des anderen Arm, und versuchten aneinander warm zu werden. „Wir haben solchen Hunger", sagten sie. „Ihr dürft hier nicht liegen!", schrie sie der Wächter an und sie wanderten hinaus in den Regen.

Da flog das Schwälbchen zurück und erzählte dem Prinzen, was es gesehen hatte.

„Ich bin ganz bedeckt mit feinem Golde", sagte der Prinz, „und das musst du ablösen, Blättchen für Blättchen. Dann gib es meinen Armen. Die Lebenden glauben immer, dass sie das Gold glücklich machen kann."

Das Schwälbchen pickte Blättchen für Blättchen des feinen Goldes fort, bis der glückliche Prinz ganz stumpf und düster aussah. Und Blättchen für Blättchen des feinen Goldes brachte das Schwälbchen den Armen, und die Gesichter der Kindlein wurden rosig und sie lachten und spielten in den Straßen und riefen: „Nun haben wir Brot!"

Dann kam der Schnee und nach dem Schnee kam der Frost. Die Straßen sahen aus, als wären sie mit Silber gepflastert, und sie glänzten und glitzerten. Lange Eiszapfen hingen gleich kristallenen Dolchen von den Dachtraufen der Häuser herunter, die Leute gingen in dicken Pelzen, und die kleinen Buben trugen scharlachrote Mützen mit Ohrenklappen und liefen Schlittschuh auf dem Eise. Dem armen kleinen Schwälbchen wurde kälter und kälter, aber es wollte den Prinzen nicht verlassen, denn es liebte ihn zu sehr. Es pickte Brotkrumen vor des Bäckers Tür auf,

wenn der Bäcker grade nicht hinsah, und versuchte sich zu erwärmen, indem es mit den Flügeln schlug.
Aber endlich wusste der Schwälberich, dass er sterben müsse. Er hatte gerade noch so viel Kraft, um noch einmal auf die Schulter des Prinzen zu flattern. „Leb wohl, teurer Prinz!“, lispelte er ganz leise, „willst du mich deine Hand küssen lassen?“
„Ich bin froh, dass du endlich nach Ägypten gehst, kleines Schwälbchen!“, sagte der Prinz. „Du bist zu lange hier geblieben, lieber Vogel. Aber du musst mich auf die Lippen küssen, denn ich liebe dich!“
„Ich gehe nicht nach Ägypten“, sagte das Schwälbchen. „Ich gehe zum Hause des Todes. Der Tod ist der Bruder des Schlafes, nicht wahr?“
Und das Schwälbchen küsste den glücklichen Prinzen auf die Lippen und fiel tot nieder zu seinen Füßen.
In diesem Augenblicke gab es ein merkwürdiges Knacken in der Bildsäule, als ob etwas gebrochen sei. Und wirklich war das bleierne Herz in zwei Teile gesprungen. Der Frost war aber auch furchtbar streng.
Früh am nächsten Morgen spazierte der Bürgermeister unten auf dem Platz in Gesellschaft der Stadträte. Als sie an der Säule vorüberkamen, sah er an dem Standbild hinauf. „Oh du meine Güte“, sagte er, „wie schäbig doch der glückliche Prinz aussieht!“
„Schrecklich schäbig!“, riefen die Stadträte, die immer mit dem Bürgermeister einer Meinung waren; und sie gingen hinauf, um die Sache näher in Augenschein zu nehmen.
„Der Rubin ist aus dem Schwertgriff herausgefallen, seine Augen sind fort und die Vergoldung ist weg“, sagte der

Bürgermeister. „Er sieht wirklich aus wie ein Bettler.“
„Ganz wie ein Bettler“, sagten die Stadträte.
„Und da liegt ein toter Vogel zu seinen Füßen“, fuhr der Bürgermeister fort. „Wir müssen wirklich einen Ukas erlassen, dass die Vögel hier nicht sterben dürfen.“ Und der Stadtschreiber notierte sich den wichtigen Vorschlag.
Und so wurde das Standbild des glücklichen Prinzen von seiner Säule heruntergenommen.
„Da es nicht mehr schön ist, hat es auch weiter keinen Zweck mehr“, sagte der Professor der Kunstgeschichte an der Universität.
Dann wurde die Statue in einem Brennofen zerschmolzen und der Bürgermeister rief eine Ratssitzung ein, um zu entscheiden, was mit dem Metall zu geschehen habe. „Wir müssen natürlich ein anderes Denkmal haben“, sagte er, „und das soll mein Bildnis sein.“
„Mein Bildnis!“, sagte jeder der Stadträte und sie gerieten in Streit. Als ich zuletzt von ihnen hörte, zankten sie sich noch immer darum.
„Wie merkwürdig“, sagte der Werkführer in der Schmelz-Hütte. „Dieses gebrochene Bleiherz will im Ofen nicht schmelzen. Wir müssen es wohl wegwerfen.“ So warfen sie es auf einen Schutthaufen, wo auch schon das tote Schwälbchen lag.
„Bringe mir die beiden kostbarsten Dinge aus dieser Stadt“, sagte Gott zu einem seiner Engel. Und der Engel brachte ihm das bleierne Herz und den toten Vogel.
„Du hast gut gewählt“, sagte Gott, „denn im Paradies soll dieser kleine Vogel nun für Ewigkeit singen und in meiner goldenen Stadt soll mich der glückliche Prinz lobpreisen.“

Glück für alle?

Willst du glücklich sein im Leben,
trage bei zu andrer Glück;
denn die Freude, die wir geben,
kehrt ins eigene Herz zurück.

Volksweisheit

⁕

Die Stadt Hsien-yang erblüht im Mai.
Gelag' und Tanz. Ich bin dabei!
Es komme, wie es kommen mag.
Ich bin dabei: Tanz und Gelag'.
Die Freundin flicht sich einen Kranz.
Ich bin dabei: Gelag' und Tanz.
Ich liege auf den Kissen und
Bin gut und glücklich ohne Grund.
Ja, ohne Grund – so wie das Meer.
Ich bin von Wein und Weisheit schwer.
Doch immer leichter wird mein Sinn,
Ich ahne, dass ich nicht mehr bin.
Ich bin durch Liebe, Sang und Wein
Ins Paradies gegangen ein.
Ich bin nicht mehr. Ich bin nicht mehr.
O Glück! O Tanz! O Glanz! O Meer!

Pe-kiü-y (772–846)

Das Glück ist eine leichte Dirne

Heinrich Heine (1797–1856)

Das Glück ist eine leichte Dirne,
Und weilt nicht gern am selben Ort;
Sie streicht das Haar dir von der Stirne
Und küsst dich rasch und flattert fort.

Frau Unglück hat im Gegenteile
Dich liebefest ans Herz gedrückt;
Sie sagt, sie habe keine Eile,
Setzt sich zu dir ans Bett und strickt.

*

Viele schmieden ihr Glück so,
dass sie jeden Nebenmenschen als Amboss benützen.

Georg Jacob Dechent (1850–1935)

*

Glück ist gut für den Körper,
aber Kummer stärkt den Geist.

Marcel Proust (1871–1922)

*

Wenn man einen Menschen in Freundschaft liebt,
wünscht man ihn glücklich zu sehen.

Sully Prudhomme (1839–1907)

Deine erste Pflicht ist,
dich selbst glücklich zu machen.
Bist du glücklich, so machst du auch andere glücklich.

Ludwig A. Feuerbach (1804–1872)

*

Glück ist ein Wunderding.
Je mehr man gibt, desto mehr hat man.

Germaine de Staël-Holstein (1766–1817)

*

Fremder Hunger langweilt, fremdes Glück reizt

(„Fahrt ins Glück")

Kurt Tucholsky (1890–1935)

Ich ziehe meinen Rolls-Suiza aus dem Bootsschuppen, prüfe die Propeller und reite ab. Der Landweg führt durchs Holsteinische, vorbei an dem Dörfchen Lütjenburg, wo im Jahre 1601 Jakob Wasa mit Georg dem Reizbaren die berühmte Schlacht bei Lütjenburg schlug, in der ihm sechs Pferde unter dem Leib ... vorüber; Baumwipfel und kleine Kuppen grüßen – und da liegt Mütterchen Ostsee. Die Straße führt durch Hafkrug, Scharbeutz, Timmendorfer Strand. Wir sind im Herbst, und Villen, Hotels und Kurhäuser stehen leer; nur hier und da ragt noch ein Strandkorb mit Wimpeln und einer Fahne; die Manikürfräulein sitzen gelangweilt vor den Frisiersalons in der Sonne und

putzen sich selber die Nägel, um nicht aus der Übung zu kommen; Hunde lungern herum und schnüffeln in alten Zeitungen, lesen und heben ein Bein; die Ostsee ist eigentlich schon zugedeckt. Und je weiter ich komme, desto mehr blähe ich mich auf; ich nehme zusehends zu, vor Schadenfreude bekomme ich fast einen kleinen Bauch ... Was tat der Marquis de Sade? Er röstete kleine Mädchen und bestreute sie mit gestoßenem jungem Mann? Das ist gar nichts. Ich – ich genieße eine Sommerfrische, die ich nicht zu genießen brauche.
Meine wollüstige Fantasie bevölkert diese leeren Straßen und Häuser; es ist heiß, eng und staubig, alles ist besetzt, und die Wirte sind frech wie die Aasgeier, die nur noch aus Übermut fressen. „Ein einzelnes Zimmer geben wir nur an achtköpfige Familien ab –!" Die Ostsee liegt faul da, wie ein alter Tümpel; sie stinkt widerwillig vor sich hin, das gefangene Raubtier, und die Leute sagen: „Nein, wie erfrischend es hier aber ist –!" Eine Wolke von fataler Ausdünstung lagert über Scharbeutz, Timmendorfer Strand und Hafkrug; Teller rasseln, Hunde bellen, Kinder quäken, und ein Brei des Geredes ergießt sich über den Strand: „Geh doch ma rrüber, bei Rrröper – sach man, es wehr für uns!" – „Nu sehn Sie sich bloß mal Frau Lahmers an, wie sie heut wieder aussieht! Wie macht die Frau das bloß?" – „Kuck mal, 'ne Judsche!" – „Einen Umchain haben diese Goiten!" – „Wer mir an meinen Strandkorb rankommt und will die schwarzweißrote Flagge runterholen, den hau ich – na, das wär gelacht! Wir sind doch hier zur Erholung hier!" – „Hab ich nötig, Schwarz-Rot-Gold aufzuziehen? Wir sind doch zur Erholung hier ...!" – „Hat er dich für

heute Abend hinbestellt? Würd ich nicht gehen ... Elli, das kannst du nicht tun! Oder du nimmst mich mit!" – „Das kommt ganz auf die Umstände an, gnäjjes Frollein!" – „Auf welche Umstände, Herr Assessor?" – „Nero! Nero! Komm mal her! Komm mal hierher! Komm mal hier mal her! Nero! Pfuit! Pfiiiit! Kannst du nicht hören! Nero!" – „Mama, Lilly schmeißt mit Popeln!" – „Frau Doktor! Frau Doktoor! Sie haben Ihren Büstenhalter vergessen!" – „Schrei doch nicht so!" – „Na, meinste, man sieht das nicht, dass sie ein hat ...?" – „Mir ist die ganze Reise verleidet!" – „Meines Erachtens nach beruht die Rettung Deutschlands wesentlich auf den Kolonien. Also, meine Herren, England ..." – „Ein kleiner Kaffee zwei vierzig, ein Teelöffel achtzig, ein Glas Wasser fünfzig, eine Tasse dreißig, Kuchen haben Sie nicht gehabt, macht vierzig, zusammen ..." – „Donnerwetter, hat die Frau Formen –!" Und ich bin nicht dabei.

„Mir ist die ganze Reise verleidet –!" Mütter tosen, bei denen man sich aussuchen kann, ob sie zu wenig geliebt oder zu wenig geprügelt worden sind; die Zuckungen in Unordnung geratener Gebärmütter vergiften ganze Existenzen. Kinder heulen, Väter fluchen, die Hunde kneifen gleichfalls den Schwanz ein, und die Grundlage des Staates ist, woran kein Zweifel, die Familie.

Jetzt bin ich aufgepumpt wie ein Ballon, das Gas der Gemeinheit erfüllt meine kleinsten Poren – ah, nicht dabei sein müssen, wenn sich diese Menschheit zwecks Erholung zu scheußlichen Klumpen zusammenballt wie vereinbaren Sie das Herr Panter mit Ihrer sozialen Gesinnung da erholen sich diese armen Leute so gut sie das können und Sie

halt die Schnauze es gibt Flammri, der zittert vor Ekel über sich selbst auf dem Teller, alles ersauft in derselben Sauce, abends knallt eine dolle Nummer von Sekt an den Tischen der Réühniong und fließt derselbe in Strömen aus Schmerz über den Schmachfrieden von Versailles ... weil sie sich am Morgen in die wehrlose Ostsee stippen, waschen sie sich nun überhaupt nicht mehr, wieso, wo wir doch morgens baden, Emmy, du bist ein Ferkel, es ist heiß, es ist staubig, es riecht nach Milch und kleinen Kindern und Pipi, es ist überhaupt so schön, wie es nur die Natur und der Bürger vereint zustande bringen – und ich bin nicht dabei.
Hochkragige Fememörder mit Holzfressen, in deren kalten Augen eine stets parate Grausamkeit glitzert; sich erholende Buchhalterinnen für sechs Mark fünfzig den Tag zuzüglich Getränke; sie tragen eine Liebenswürdigkeit im Herzen, die nur für einen ausreicht – dem Rest gegenüber sind sie sauer und so unfreundlich ...
Manchmal ist es schön, allein zu sein. Manchmal ist es schön, keinem Verein anzugehören. Manchmal ist es schön, vorbeizufahren.
Der Herbsttag ist blau, die hohen Bäume rauschen, und violett vor Schadenfreude passiere ich die sommerlichen Stätten der Lust, die nicht so groß sein kann wie meine, an ihr nicht teilnehmen zu müssen. Falscher Nietzsche; der Kollektivismus; der typische bürgerliche Intellektuelle; eine Frechheit; im Namen der Arbeitsgemeinschaft der Reichsverbände Deutscher Ostseebäder-Vereine; der Pariser Jude Peter Panter; eine Geschmakkklosigkeit, antisemitische Äußerungen zu bringen; wo erholen Sie sich denn, Herr? wir lebhaft bedauern müssen, diesem Artikel in unserm

Blatt die Aufnahme zu verweigern, das Nähere siehe unter Inserate; Sie haben eben keine Kinder; wo liegt eigentlich Scharbeutz? Wir waren dieses Jahr in Zinnowitz, Gott sei Dank judenrein; wir waren dieses Jahr in Westerland, also wirklich ein sehr elegantes Publikum – versteh ich einfach nicht, was er hat –

der Herbsttag ist blau, die hohen Bäume rauschen, die Ostsee sächselt, und ich fahre selig durch die holsteinischen Wälder des Herbstes,

hindurch, vorbei, vorüber.

Aus: Kurt Tucholsky, Gesammelte Werke in 10 Bänden. Reinbek bei Hamburg: Rowohlt 1975.

⁕

Anteilnehmende Freundschaft
macht das Glück strahlender
und erleichtert das Unglück.

Marcus Tullius Cicero (106 – 43 v. Chr.)

⁕

Das Glück ist blind.

Marcus Tullius Cicero (106 – 43 v. Chr.)

⁕

Die Menschen kommen durch nichts
den Göttern näher,
als wenn sie Menschen glücklich machen.

Marcus Tullius Cicero (106 – 43 v. Chr.)

Man will nicht nur glücklich sein,
sondern glücklicher als die anderen.
Und das ist deshalb so schwer,
weil wir die anderen für glücklicher halten,
als sie sind.

Charles-Louis de Montesquieu (1689–1755)

⁕

Wie glücklich viele Menschen wären,
wenn sie sich genauso wenig um die Angelegenheiten
anderer kümmern würden wie um die eigenen.

Georg Christoph Lichtenberg (1742–1799)

⁕

Diese Hunderttausende von allen Klassen und aus allen Ständen, die sich da aneinander vorbeidrängen, sind sie nicht alle Menschen, mit denselben Eigenschaften und Fähigkeiten, und mit demselben Interesse, glücklich zu werden? Und haben sie nicht alle ihr Glück am Ende doch durch ein und dieselben Mittel und Wege zu erstreben?

Friedrich Engels (1820–1895)

⁕

Die glücklichen Sklaven
sind die erbittertsten Feinde der Freiheit.

Marie von Ebner-Eschenbach (1830–1916)

Die Glücklichsten

Peter Altenberg (1859–1919)

Die Glücklichsten sind die Schwäne am Gmundner See. Sie genießen alle Vorteile der Zivilisation, der noblen Protektion durch die Menschen, und alle Vorteile der Freiheit, indem sie an den schilfbewachsenen Ufern eines zwölf Kilometer langen Sees wohnen! Im Winter wird ihnen von der Gemeinde aus Futter gestreut, im Herbste fliegen sie über den See mit tönendem singendem Flügelschlage, ihre Verstecke werden geschont und ihre Jungen mit Respekt behandelt. Sie gelten als Zierde der Landschaft und ohne irgendjemandem etwas Gutes zu erweisen, befinden sie sich von selbst in der Huld aller. Nie werden sie verfolgt, geschossen und gebraten und ein jeder sagt, sie hätten übrigens ein schrecklich zähes ungenießbares Fleisch. Auf die Schwanendaunen wird sogar verzichtet im Interesse der landschaftlichen Staffage, der sie redlich dienen, von selber und ohne Verdienst. Sie sind die „Lieblinge des Publikums", und ihre Daunen schwimmen wie Sommerschneeflocken unbenützt auf dem Seespiegel. Nur einmal wurde einer vom Jägerburschen erschossen, weil er schrecklich aggressiv gegen ein kleines Boot und seine zu Tode erschreckten Insassen, junge Damen, vorging, mit Flügelschlägen, weil man sein Weib und fünf hellgraue Junge gestört und angefahren hatte mit Kiel und Rudern, wenn auch unabsichtlich. Aber auch dieser starb damals in höchster leidenschaftlicher Erregung, für sein Geliebtestes kämpfend, den edlen, beneidenswerten Heldentod,

während einer Ekstase, in der man keine körperlichen Schmerzen wahrscheinlich spürt!
Ein Glücklichster ist noch der wunderbare riesige Schimmel „Ali Baba", Deckhengst in dem berühmten Gestüt Kladrup. Alle seine Lebensenergien werden liebevollst gehegt und gepflegt, dass er sie bewahre für seine herrlichen Geliebten, die berühmten Stuten. Um ihn herum in der Welt werden täglich Milliarden von Tieren malträtiert, gefoltert, sei es zu diesem, sei es zu jenem Zwecke, geschlachtet, kastriert, dickgefüttert auf Mästung zwangsweise, für Leberentartung künstlich präpariert! Aber er, der Schimmelhengst wird gepflegt und gehegt, und als Belohnung für Dienste, die nur Freuden waren, erhält er ein reichliches Gnadenbrot in seinen schwachen Tagen.
Ein anderer Glücklichster ist noch Beethoven. Taub für die Niederträchtigkeiten seiner Nebenmenschen, ließ er die „Symphonie der Welt" in sich ungestört ertönen. Stundenlang fischte er leidenschaftlich in Nußdorf an der Donau, war glücklich, wenn ein ungenießbarer Fisch endlich nach Stunden anbiss. Alle hielten ihn für einen verrückten Dichter, grüßten ihn aber ehrfurchtsvoll. Niemand störte ihn, er klagte sich aus in Adagios, tobte sich aus in vierten Sätzen, lächelte wehmütig über sich selbst und die Erde in Scherzos. Er fühlte sich als Geber und Spender, als Vermehrer und Entwickler, trotzdem er selbst davon nichts wusste direkt und an die Donau fischen ging.
Dann sind noch zu den Glücklichsten zu zählen die Otterhunde, welche in Rudeln reiche Züchter in England loslassen gegen die Fischotter in Bächen und deren Erdhöhlen und Felsenhöhlen am Ufer. Sie hassen die Fischotter

pathologisch, fürchten nicht den Tod durch ihre Rasiermesserzähne. Sie haben einen krankhaften Hass gegen die Fischotter, die ihnen nie, nie etwas Böses angetan haben. Aber wenn man sie loslässt gegen sie, sind sie glücklich! Unter deren spitzigen unerbittlichen Zähnen verenden, ist Wollust! Wozu hat man denn seine Kräfte, als um sie im Fischotterhasse zu verbrauchen?!? Die Fischotterhunde sind daher auch wirklich Glückliche! Sie kennen nur Hass und Leidenschaft. Und ein solcher Hund blickt ebenso traurig, wenn die Fischotter entwischt ist, als ein Adagio Beethovens ertönt. Sie träumen Tag und Nacht vom Fischottertode. Sie sind groß, haben ein wüstes stichelhaariges Fell und Augen, in welchen eine unerbittliche mysteriöse grausame Mission funkelt, der Fischottertod! Auch diese Organisationen sind wirklich Glückliche!
Aber diese anderen, auf dem Prokrustesbett des Lebens verkrüppelt zum Bedürfnis des Tages, sind nicht eine Stunde lang glücklich, sondern sterben dahin im Dienste, wehmütig wenn auch unbewusst trauernd um ihre zurückgedämmte Natur!

*

Es ist unmöglich,
dass einer nicht am glücklichsten ist,
wenn er ganz von sich selbst abhängt,
und in sich allein alles hat.

Marcus Tullius Cicero (106 – 43 v. Chr.)

Glück regiert das Leben, nicht Weisheit.

Marcus Tullius Cicero (106 – 43 v. Chr.)

*

Willst du glücklich sein im Leben,
trage bei zu anderen Glück,
denn die Freude, die wir geben,
kehrt ins eigene Herz zurück.

Lebensweisheit

*

Die Aufhebung der Religion
als des illusorischen Glücks des Volkes
ist die Forderung seines wirklichen Glücks.

Karl Marx (1818 –1883)

*

Wer glücklich ist, kann glücklich machen –
wer's tut, vermehrt sein eigenes Glück.

Johann Wilhelm Ludwig Gleim (1719 –1803)

*

Deine erste Pflicht ist, dich selbst glücklich zu machen.
Bist du glücklich, so machst du auch andere glücklich.

Ludwig A. Feuerbach (1804 –1872)

Einen glücklichen Menschen zu finden ist besser als
eine Fünfpfundnote. Er ist der Inbegriff strahlender
Freundlichkeit, und wenn er den Raum betritt,
so scheint es, als wäre eine Kerze angezündet worden.

Robert Louis Stevenson (1850–1894)

*

Die meisten Menschen sind so glücklich,
wie sie es sich selbst vorgenommen haben.

Abraham Lincoln (1809–1865)

*

Glücklich sind die Menschen,
wenn sie haben, was gut für sie ist.

Sokrates (469–399 v. Chr.)

Index

A
Altenberg, Peter 196
Aquin, Thomas von 164
Arbiter, Gaius Petronius 22
Aristoteles 164, 165
Arnim, Achim von 107
Augustinus, Aurelius 71, 172
B
Barrès, Maurice 67
Barrie, James Matthew 68
Bembo, Pietro 10, 88
Bodenstedt, Friedrich Martin von 74
Bonaparte, Napoleon 94, 95
Braumann, Franz 10, 128
Busch, Wilhelm 12, 25
C
Chamfort, Nicolas 27, 50, 74
Chamisso, Adelbert von 18
Choderlos de Laclos, Pierre-Ambroise-François 100
Cicero, Marcus Tullius 194, 198, 199
D
Dach, Simon 24, 154
Dahn, Felix 10, 77
Dauthendey, Max 18
Dechent, Georg Jakob 189
Demokrit 49, 71, 157
Dostojewski, Fjodor Michailowitsch 84
Droste-Hülshoff, Annette von 14

E

Ebner-Eschenbach, Marie von 38, 105, 195

Eichendorff, Joseph von 7, 29, 166

Engels, Friedrich 195

Epiktet 49

Epikur von Samos 49

Eschenbach, Wolfram von 38, 100, 105, 195

Euripides 156

F

Feuerbach, Ludwig 190, 199

Flaischlen, Cäsar Otto Hugo 45

Fontane, Theodor 21, 86, 156, 168

Freud, Sigmund 17, 22, 44, 45, 68, 93, 155, 156, 157

Friedrich II. von Preußen 156

G

Geibel, Emanuel 51

Glaßbrenner, Adolf 165

Gleim, Johann Wilhelm Ludwig 17, 199

Goethe, Johann Wolfgang von 14, 24, 38, 44, 52, 74, 92, 96, 100, 103, 108, 125, 164

Gorki, Maxim 67

Grillparzer, Franz 170, 171

Gutzkow, Karl 68

H

Heine, Heinrich 71, 162, 189

Herder, Johann Gottfried von 21

Heyse, Paul 50

Hilty, Carl 17, 138

Hofmannsthal, Hugo von 26

Hölderlin, Friedrich 27, 34, 35

Horaz 21, 138

Horváth, Ödön von 139
Humboldt, Wilhelm von 101
I
Ibsen, Henrik Johan 170
J
Juvenal (Decimus Iunius Iuvenalis) 52
K
Kafka, Franz 109
Kant, Immanuel 52
Kierkegaard, Søren 52
Konfuzius 52
Kratzl, Karl Ferdinand 157
L
Laotse 170, 172
La Rochefoucauld, François VI. Duc de 100
Lessing, Gotthold Ephraim 12
Lewald, Fanny 14
Lichtenberg, Georg Christoph 195
Liliencron, Detlev von 46
Lincoln, Abraham 18, 200
Lüttwitz, Arthur Maria Freiherr von 12
M
Marc Aurel 74
Marx, Karl 199
Meißner, Alfred 33
Mill, John Stuart 17
Montesquieu, Charles-Louis de 195
Mozart, Wolfgang Amadeus 104
Musil, Robert 27, 70, 88, 157
N
Nestroy, Johann N. 12, 35, 163, 164

Nietzsche, Friedrich 24, 68, 71, 111, 193
Novalis 33
O
Orfanidis, Theodorus 105
P
Paul, Jean 33
Pe-kiü-y 188
Pessoa, Fernando 87
Pestalozzi, Johann Heinrich 25
Plato 23
Plautus, Titus Maccius 38
Poe, Edgar Allan 38
Proust, Marcel 189
Prudhomme, Sully 189
R
Raimund, Ferdinand 13
Renard, Jules 32
Ringelnatz, Joachim 87
Rousseau, Jean-Jacques 10, 138
S
Saint-Exupéry, Antoine de 168
Salis-Seewis, Johann Gaudenz Freiherr von 72
Sallust 23
Scherr, Johannes 38
Schiller, Friedrich 23, 39, 158, 168, 172
Schnitzler, Arthur 173
Schopenhauer, Arthur 21, 173
Seneca, Lucius Annaeus 25, 138
Sokrates 173, 200
Stadler, Ernst 22
Staël-Holstein, Anne Louise Germaine de 190

Stendhal 111
Stevenson, Robert Louis 200
Stifter, Adalbert 10, 97, 98, 99
Strauß, Johann 167
T
Theuriet, André 12
Tolstoi, Leo N. 51
Tucholsky, Kurt 15, 69, 105, 190
Turgenjew, Iwan 167
V
Varnhagen von Ense, Rahel 36
Vikelas, Demetrius 156
Voltaire, François Marie Arouet 16
W
Wagner, B. A. 71, 173
Wilde, Oscar 10, 17, 174
Z
Zweig, Stefan 46

Zu den Herausgebern:

Glücksexperten sind die beiden in der Gemeinde Anif wohnenden Herausgeber Richard Schmidjell (geb. 1946) und Hans Krüger (geb. 1943) nach eigenen Angaben leider nicht, aber an Vorschlägen zum Glücklichsein sowohl aus eigener beruflicher und persönlicher Erfahrung als auch aus dem Zitatenschatz der Weltliteratur und aus heimatlichen Sinnsprüchen fehlt es ihnen nicht. Und diese Ratschläge haben nachweislich nicht nur den beiden und ihren Familien, sondern auch den bisher von ihnen „begratulierten“ Freunden und Bekannten genützt!

Richard Schmidjell promovierte in Wirtschaftswissenschaften und Geschichte und ist derzeit als gerichtlich beeideter Sachverständiger in Sachen Raumordnung tätig. Früher arbeitete er an der Universität, in der Wirtschaftskammer und in verschiedenen Funktionen im Bereich der Technologie-, Arbeitsmarkt- und Standortpolitik. Von seinen früheren Publikationen hat am ehesten das 2008 erschienene Buch „Wohlfühlwirtschaft – Dienstleister im Wachstumsmarkt Gesundheit“ mit Anleitungen zum Glücklichsein zu tun.

Hans Krüger, Doktor der Rechtswissenschaften, ist seit 1984 Bürgermeister der Gemeinde Anif bei Salzburg und in dieser Funktion vielfältig als Gratulant und Glücksbringer bei Geburtstagen, Hochzeiten und Taufen, aber auch Firmenjubiläen und -gründungen tätig. Zuvor und teilweise während seiner Bürgermeisterzeit war er im Wirtschaftsförderungsinstitut (WIFI) Salzburg, zuletzt als Leiter, tätig und initiierte eine Vielzahl neuer Ausbildungslehrgänge von der Wirtschafts- und Fremdsprachenakademie über die Berufsreifeprüfung hin zum Küchenmeisterkurs.

Gemeinsame Publikationen beider Herausgeber liegen schon länger zurück, nämlich 1981 „Vorschläge zur Haushaltsbevorratung" und 1979 „Ausführungsmaßnahmen nach dem Salzburger Jugendbeschäftigungsplan". Beide wurden auch mit dem Erwachsenenbildungspreis des Landes Salzburg ausgezeichnet.

Alles in allem eine breite Basis, um gemeinsam die besten Vorschläge, um einfach zum Glück zu kommen, herauszugeben!

Wir danken den jeweiligen Rechteinhabern für die überaus freundlichen Abdruckgenehmigungen:
S. 27:
Robert Musil, Auszug und Kommentar aus „Der Mann ohne Eigenschaften“, in: Robert Musil, Gesammelte Werke, hrsg. von Adolf Frisé Copyright © 1978 by Rowohlt Verlag GmbH, Reinbek bei Hamburg.
S. 15–16, 69–70, 105–106, 190–194:
Kurt Tucholsky, Gesammelte Werke in 10 Bänden, hrsg. v. Mary Gerold-Tucholsky/Fritz J. Raddatz: Rowohlt, Reinbek bei Hamburg, 1975.
S. 34–35:
Friedrich Hölderlin, Brief vom 18. Mai 1788 an Louise Nast: Marix Verlag, Wiesbaden.
S. 88–92:
Pietro Bembo, Brief vom 10. Februar 1505 an Lucrezia Borgia: Marix Verlag, Wiesbaden.
S. 94–95:
Napoleon Bonaparte, Brief vom 17. Juli 1796 an Kaiserin Joséphine: Marix Verlag, Wiesbaden.
S. 109–110:
Franz Kafka, Brief vom 17. November 1912 an Felice Bauer: Marix Verlag, Wiesbaden.
S. 139–154:
Ödön von Horváth, Magazin des Glücks, Regie: Miriam Tscholl, Dramaturgie/Bearbeitung: Felicitas Zürcher, Uraufführung am Staatstheater Dresden am 21. November 2009.
S. 168–169:
Theodor Fontane, Alles Glück ist Märchen, aus „Frau Jenny Treibel“, in: Werke, Schriften und Briefe, 1974, Carl Hanser Verlag GmbH & Co. KG, München.
S. 174–187:
Oscar Wilde „Der glückliche Prinz“, nach der Übersetzung von Richard Zoozmann.